스피치마스터의
생산적 말하기

스피치마스터의 생산적 말하기

초판발행 | 2021년 02월 01일

지은이 | 이창호

펴낸이 | 이창호
표지 디자인 | 박기준
내지 디자인 | 이보다나
인쇄소 | 거호 피앤피
펴낸곳 | 도서출판 북그루

등록번호 | 제2018-000217
주소 | 서울시 마포구 토정로 253 2층(용강동)
도서문의 | 02) 353-9156 · 팩스 0504) 383-0091
이메일 | bookguru24@hanmail.net

값 14,800원
ISBN 979-11-90345-10-1(03320)

CIP제어번호 : CIP2020053652
이 도서의 국립중앙도서관 출판예정도서목록(CIP)은 서지정보유통지원시스템 홈페이지(seoji.nl.go.kr)와
국가자료공동목록시스템(www.nl.go.kr/kolisnet)에서 이용하실 수 있습니다.

Designed by Freepik

스피치마스터의 생산적 말하기

이창호

북그루

| 목차 |

　공자의 제자 중 중자가 "선생님이 위 나라에 가시는데 만일 위나라 임금이 정치를 말한다면 무엇부터 손을 대겠습니까?" 하고 물었더니 " 반드시 명, 즉 이름을 바로 잡겠다."라는 필세정명(必世正明)으로 대답하 였다고 한다. 정명은 이름을 바로잡고 명분을 분명히 한다는 뜻이다. 저 마다 제 이름값을 하고 제 이름다운 구실을 해야 한다는 것이다. 이와 같이 시대를 초월하여 정보와 자기 표현과 이름은 아주 중요한 요소라 고 말할 수 있다.

　특히 기술혁명의 시대라고 불리는 4차 산업혁명시대의 도래를 맞이 하여, 사회 전반에서 삶의 방식의 커다란 변화가 예측되는 가운데, 스피 치 기술은 더욱 각광받고 있다.

　4차 산업혁명의 주창자이자 WEF 회장인 클라우스 슈밥은 자신의 책 〈4차 산업혁명〉에서, "우리는 지금까지 우리가 살아왔고 일하고 있 던 삶의 방식을 근본적으로 바꿀 기술 혁명의 직전에 와 있다. 이 변화 의 규모와 범위, 복잡성 등은 이전에 인류가 경험했던 것과는 전혀 다 를 것이다"라고 말했다.

그렇다면 이러한 시대변화 속에서 우리가 준비해야 하는 것들은 무엇일까? 필자는, 그것에 대한 해답을, 이 책 〈스피치마스터의 생산적 말하기〉가 제시하고 있다고 자신 있게 말한다.

스피치마스터의 생산적 말하기는 숙련된 기술을 배우는 것과 흡사하다. 숙련된 목수는 제자들을 키울 때 한 번에 가르쳐주지 않는다. 한동안 제자는 스승을 따라다니며 스승이 작업하는 것을 그저 바라보고 심부름을 하는 수준에 만족할 수밖에 없다. 제자가 나무를 깎아 맞추기 시작했을 때 스승은 무엇을 가르쳐줄까? 사실 스승이 가르쳐줄 것은 그다지 많지 않다. 나무를 어떤 각도로 잘라야 한다든지, 못을 치는데 순간 가속도가 얼마나 되어야 한다든지 하는 물리적인 지식을 구체적으로 가르치기는 사실 어렵다. 스승은 오로지 정신을 집중하라든지, 나무를 꼭 잡으라든지, 중심을 겨냥하라든지 하는 요령을 이야기해줄 수는 있다.

제자가 그러한 기술을 습득하는 것은 반복된 훈련을 통한 숙련이지, 이론적 학습을 통해서가 아니기 때문이다. 특히 언어로 소통하고 교감하는 생산적 말하기는 상대방의 마음과 생각을 바꿀 수 있는 기술이라고 확신한다. 더러는 스피치가 내면세계에 대해 이야기를 함에 있어 자칫 추상적이거나 유희주의에 빠지기 쉽다. 하지만 생산적 말하기는 이론적 근거로 뒷받침하며 이야기를 풀어나간다.

생산적 말하기의 시대적 변화는 가치관의 변혁에 직면하고 있다. 각 세대마다 그들의 관심은 끊임없이 변화하는 새로운 목표에 집중되고 있다. 이 급격한 변화의 파도를 맞으면서도 생산적 말하기는 우리 구성원들의 삶에 방향을 잡아주고, 다양한 핵심역량을 공급하는 결정적인 힘을 발휘할 수 있는 장점이 있다. 이를 위해서는 3가지 요소가 요구된다.

첫째, 전달 메시지의 완전한 수용(Acceptance)이다. 설령 전달된 메시지를 완전히 이해했더라도 그것을 받아들이지 않고 무시하거나 거부해버리는 경우 등 새로운 입장을 취할 수 있다. 여기에서 문제는 듣는 사람이 메시지를 무시하거나 거부를 해버려도 전달자는 그것을 쉽게 찾아낼 수 없다. 따라서 거부의 경우는 그 거부의 근거에 전달자가 집중적으로 관심을 기울여 다각적인 노력을 쏟아야 한다.

둘째, 받아들여 진 메시지를 내면화(Internalization)하여 확고하게 자기 것으로 만드는 과정이다. 그 전달 메시지가 어떻게 자신에게 전달되었든지 이제는 자기 소유화를 시켜 전달자와 똑같은 입장을 지켜나가는 것이다. 자기만의 보존이라는 피동적인 차원을 넘어 능동적인 자세로써 그 메시지를 위한 생산적 말하기로써 가능성을 갖는다.

셋째, 생산적 말하기의 선명한 목표는 전달된 메시지가 그대로 행동(Action)으로 나타나는 데에 있다. 이 행동이 의미하는 것은 전달받은 메시지가 더 이상 전달자의 것이 아닌 자신의 것임을 입증하는 상태를 나타내는 것이기 때문이다. 전달자의 도움이나 간섭이 필요치 않고, 독자적인 존재로서 전달 메시지의 소유자가 된 것을 입증하는 단계이다.

현대사회는 변천에 따라 관심을 가지고 면밀히 관찰하여 생산적 말하기의 숙련 과정에 관한 여러 가지 새로운 연구들과 관심들이 부각되고 있다. 이런 생산적 말하기에 대한 새로운 정보와 지식을 민첩하게 공유한 결과, 우리 주변은 간단하지만 이해하기 쉽고, 한번에 우리의 시선을 끌 수 있는 생산적 말하기로 가득 차 있다는 것을 알 수 있다. 생산적 말하기는 타인의 삶에로의 우리 자신의 확대(extension)이다. 누구든지 깨어있는 시간에는 무언가를 전달하며 함께 나눈다. 또한, 거기에 요령을 조금씩 덧붙이면 훈련시간이 단축된다. 생산적 말하기 학습 역시 이론의 영역에 그치는 것이 아니므로 수없이 반복되는 훈련만이 스피치를 잘 할 수 있는 방법이라는 것을 꼭 기억해야 한다. 이 책 〈생산적 말하기〉는 〈성공한 사람들의 스피치 전략 5단계〉의 개정 증보판이다. 〈성공한 사람들의 스피치 전략 5단계〉에서의 스피치 기술에, 4차 산업 혁명시대를 대비하는 스피치에 대한 고민이 녹아들어 총 9단계의 스피치 전략이 실려 있다.

일생을 바쳐 강의를 좋아하고 실천학문을 중요시하는 토정로 서재에서

이창호

Part I.
스피치란
무엇인가?

Part I

미국의 경영학자이자 작가인 피터 드러커(Peter Ferdinand Drucker)는 "인간에게 가장 중요한 능력은 자기 표현이며, 현대의 경영이나 관리는 커뮤니케이션에 의해 좌우된다."고 말했다. 강연이나 방송을 하는 사람은 말을 직업으로 삼은 사람이다. 정치가도 역시 그렇다. 그럼에도 불구하고 말실수를 해서 화를 입는 것을 종종 볼 수 있다. 원만했던 관계도 말이 잘못 전달되어 불편한 관계가 되기도 하고 가장 가깝다고 할 수 있는 부부사이에서도 말다툼이 일어난다. 말로 인해 여러 어려운 일을 겪게 되는 것은 다반사이다. 이처럼 '말'이 우리 생활에 미치는 영향은 매우 크다. 그렇기 때문에 말을 제대로 하는 방법에 대한 노력이 그만큼 커지고 있는 게 사실이다. 그러기 위해서는 말하는 방법을 배워야 한다. 예전에는 웅변이나 연설 등 특별한 경우에만 말하는 훈련이 필요하다고 생각했으나 최근에는 '화술', '스피치'라는 표현으로 다양한 형태의 연구와 교육이 이뤄지고 있으며 많은 이들이 강의를 통해 말하는 방법을 학습하고 훈련한다.

많은 이들이 스피치로 인해 커뮤니케이션의 어려움을 겪고 있는 것이 사실이다. 커뮤니케이션의 어원은 라틴어 communicare에서 왔는데, 이는 '공유하다' 또는 '알게 하다'라는 의미이다. 수많은 사람들이 일상생활에서 겪는 좌절과 실망의 주요 원인 가운데 하나는 대화의 부족에 의한 커뮤니케이션의 문제이다. 그만큼 자신의 의사를 상대방에게 전달하는 것에 많은 이들이 어려움을 느끼고 있다는 것이다.

발생된 여러 문제들을 되짚어 보면 서로의 대화내용을 이해하지 못했다거나 오해로 인해 아예 서로를 이해하지 않으려는 태도에서 그 문제가 시작된다는 것을 알 수 있다. 커뮤니케이션이 원활하게 이뤄지지 못했다는 것이다. 우리 속담에 "말 한마디로 천 냥 빚을 갚는다."는 말이 있다. 그만큼 말을 어떻게 하느냐 하는 것은 관계에 있어서 매우 중요한 것이다.

스피치를 어렵게 생각할 필요는 없다. 지나치게 관념적이거나 혼란스러운 표현보다 말하고자 하는 것의 '일차적 의미'에 충실하여 말하면 된다. '일차적 의미 전달'이라는 뜻은 복잡하지 않으면서 단순하고 명쾌하게 말하는 것을 뜻한다.

오늘날은 스피치의 시대이다. 스피치를 잘하지 못하면 자신의 능력을 충분히 표출하기 어렵다. 반면에 스피치를 잘하면 인생의 목적에 쉽게 도달할 수도 있다. 스피치는 인생을 목적지로 이끌어 주는 배라고 해도 과언이 아니다. 이것은 자신의 생각을 효과적으로 전달하는 중요한 매개로써의 기능을 할 뿐만 아니라 동시에 우리 인생을 풍요롭게 해 주는 역할도 가능한 것이다.

촌철살인(寸鐵殺人)이라는 말처럼 한 마디 말로 누군가를 설복시킬 수도 있고 항복하게 할 수도 있으며, 반대로 한 마디 말로 누군가를 죽음에 이르게 하거나 평생토록 한이 맺히게 할 수도 있는 것이 말의 힘이다. 때문에 우리는 개인과 가정 그리고 사회를 아름답게 가꾸고 풍요롭게 하기 위해 스피치의 중요성을 알고 그 능력을 갈고닦을 필요가 있다.

처음에 태어나면서부터 말을 잘하는 사람은 하나도 없다. 실제로 스피치는 학습과 반복적인 훈련을 통해서 점점 나아진다는 사실을 명심하자.

1. 스피치의 기초

스피치(speech)란 '말', '말하기', '발언' 또는 '말하는 능력'을 통칭하는 말이다. 그러나 일반적인 의미의 스피치는 주어진 시간과 장소에서 다수의 사람을 대상으로 기술적으로 말하는 것을 뜻한다. 한마디로 스피치는 3W1H, 즉 누가(who) 누구에게(whom) 무엇을(what) 어떻게(how) 말할 것인가이다.

흔히 '화술(話術)'이란 말을 많이 사용하는데 이것은 스피치를 하는 데에 필요한 일체의 기술을 뜻한다. 구체적으로 화술은 ①스피치의 목적에 기초하여 줄거리를 세우고 ②풍부한 정보와 화제를 적절하게 넣어, ③청중에게 호감을 줄 수 있는 자세로 ④그 목적을 충분히 이해시킬 수 있는 표현 방법을 사용하여 ⑤주어진 시간 내에 목적을 달성하고 마칠 수 있도록 하는 스피치의 방법과 기술을 총칭한다.

인간은 사고하는 존재이며 그 사상은 언어로 표현된다. 그러므로 언어는 사람의 인격과 사상의 표현이라고 할 수 있다. 사람은 대화를 통해 감정과 의사를 표현하고, 또 타인의 감정과 의사를 전달받는다. 어린 아이가 이런 대화를 통해 인격이 형성되고 자아가 자란다는 것을 볼 때 얼마나 대화가 중요한지를 생각해 보아야 한다.

사람은 누구나 여러 감정에 노출된다. 분노, 슬픔, 증오와 같은 나쁜 감정에 사로잡히게 되는 경우, 우리는 몇 마디 대화로 그런 감정에서 깨끗이 벗어날 수 있다는 것을 경험한다. 대화는 사람을 살리기도 하고 소생시키기도 하는 힘이 있는 것이다. 일방적인 말이 아닌 상호간의 주고받는 대화는 상대의 감정을 잘 이해하도록 하고 그 대화를 통해 힘을 얻기도 한다. 또한 대화는 지식이나 정보를 서로 교환하고 지혜를 얻을 수 있는 장점이 있다.

인간은 특별한 장애가 없는 한 특정, 또는 불특정 다수의 사람들과 말을 하고 살아간다. 말을 통해 자신의 의사나 의도하는 바를 상대방에게 전달하게 되고, 반대로 타인의 의사나 의도도 알게 된다. 이와 같이 말이나 스피치는 인간의 생각을 효과적으로 전달해 주는 중요한 매개 역할을 한다.

또한 스피치는 개인뿐만 아니라 대중을 움직일 수 있는 엄청난 폭발력을 가지고 있다. 오늘날은 스피치의 시대인 만큼 스피치를 못하면 자신의 능력을 충분히 표현하기 어렵다.

예전에는 스피치가 설교자나 대중연설가, 정치인들에게만 필요한 것으로 인식하였다. 그러나 요즘은 개개인의 스피치 능력을 중시하는 시대이다. 물론 자기 분야에서 실력을 갖추어야 하지만 그것만으로는 충분하지 않다. 그 실력을 효과적으로 전달하여야 자신의 능력을 평가받을 수 있기 때문이다. 오늘날 스피치는 우리 삶의 깊숙한 곳까지 파고들어 오고 있다. 미디어의 발달로 스피치의 능력이 더욱 요구되고 있다.

1) 스피치의 기본에 대해서

많은 사람들에게 이야기를 들려주기 위해서는 듣는 사람에게 메시지가 강하게 전달되어야 하며 또한 그것은 신뢰감을 주는 것이어야 한다.

인간적 매력을 살린다

사람들 앞에서 스피치를 할 때의 기본은 첫째로 인간적인 매력을 살려야 한다는 점이다. 스피치란 자신이 가진 것 이상은 내보일 수 없음을 반드시 알아야 한다. 왜냐하면 말하는 사람의 내면이 어떤 형태로든 겉으로 드러나기 때문이다. 듣는 사람은 말하는 사람의 이야기와 자연스러운 표현을 통해 그 사람이 자아내는 인간적인 따뜻한 향기와 정감을 느끼게 되고 그가 가지고 있는 매력에 이끌리는 것이다.

그 매력은 그 사람이 지닌 교양에서 배어 나온다. 평소의 생활양식과 성실함, 그리고 스스로를 바르게 볼 수 있는 겸허함에 의해 매력이 자라난다. 청중에 대한 연사의 애정과 선의, 그리고 성실함은 직접적인 표출로써 반드시 어조와 표정 또는 태도 등에 나타난다. 내용은 논리정연해도 말하는 사람의 인간미와 성실함을 느낄 수 없는 이야기라면 청중은 감동하지 않는다. 또한 스피치 효과의 결정권은 듣는 사람이 가지고 있으므로 거칠고 다듬어지지 않았거나 교만하고 예의가 갖추어지지 않아 미숙함을 드러낸다면 청중의 공감을 얻기 어렵다. 그렇다면 어떻게 해야 하는지 순서를 따라 생각해 보기로 하자.

● 교양을 쌓을 것

원만한 인격으로 누구나 인정할 만큼 양식 있게 행동하며 이치에 맞는 언동을 할 수 있는 사람을 품위 있는 사람, 또는 교양 있는 사람이라고 한다. 이것은 인간성을 기르는 일로 이어진다.

● 겸허함을 잊지 말 것

자신의 지식이나 체험을 과신하거나 듣는 사람에게 허세를 느끼게 만들지 않는 겸손한 자세가 필요하다. 자신감은 사람을 강하게 만들지만 겸허함은 사람을 성장시킨다.

● 성실할 것

성실함이나 순수한 마음은 반드시 밖으로 나타나게 마련이다. 그렇다면 풍부한 인간성을 지니기 위해서는 구체적으로 어떻게 해야 할까. 가깝고 손쉬운 방법을 생각해 보자.

① 타인의 도움을 받는다 – 주변에 비판해 줄 사람을 많이 가져야 한다. 그들의 이야기에 솔직하게 귀를 기울이고 부족한 부분의 개선을 위해 노력하며 자기변혁에 힘써야 한다.
② 모델을 갖는다 – 세간에서 인정받는 교양인을 모델로 삼아 그 사람과 가까워지기 위한 노력을 아끼지 말아야 한다.

③ 명상하고 반성한다 – 스스로를 돌아보아 좋은 점은 무엇이고, 나쁜 점은 무엇인지 자신을 날카롭게 직시해야 한다. 특히 나쁜 점을 개선하기 위한 노력은 반드시 필요하다.

내용으로 승부한다

스피치에 대한 커다란 오해는 말하는 기술, 즉 화술의 능력에 스피치의 능력이 있다고 생각하는 것이다. 대부분 화술이 서툴기 때문에 스피치를 잘하지 못한다고 생각한다. 그러나 확실히 말해 두고 싶은 것이 있다. 능력 있는 스피치는 무엇보다 어떤 것에 대해 가치 있는 내용으로 이야기를 하는 것이다. 특히 많은 사람을 대상으로 스피치를 한다는 것은 특정한 사람이 일정한 시간 동안 계속 이야기하는 것이므로 유창한 언변 이상으로 내용면에서도 가치 있는 이야기를 해야 하는 것이다.

효과적인 스피치는 청중의 적절한 응답을 통해 성립되므로 자신의 스피치가 어떻게 받아들여지고 있는지를 늘 의식하고 있어야 한다. 즉 자신의 스피치를 듣고 있는 또 하나의 자신, 나아가 비판하는 자신을 가질 수 있는 여유가 필요하다. 그것은 누구에게 이야기해도 부끄럽지 않다는 내용에 대한 자신감에서 나온다. 내용이 빈약하면 다음과 같은 결과가 초래된다.

① 이야기의 맛이 흐려져 인상적인 스피치가 될 수 없다.
② 자신 있게 말할 수 없으므로 박력이 느껴지지 않는 빈약한 스피치가 되어 버린다.

③ 여유를 가지고 그때그때 상황 변화에 대응할 수 없게 된다.

내용을 충실히 함으로써 이야기에 자신감을 가질 수 있고 이야기 자체에도 여유가 생기게 된다. 그러므로 스피치할 때,

① 말하고 있는 자신
② 듣고 있는 자신
③ 비판하고 있는 자신

이 삼위일체에 의한 조화가 요구되는 것이다.

또한 내용을 충실화할 수 있는 사람이란 단적으로 말하면 다음과 같은 사람을 말한다.

① 지적 호기심이 강한 사람 - 사물에 대한 관심과 흥미는 여기에 서 나온다.
② 사람(그 마음)을 좋아하는 사람 - 사람을 좋아하지 않는 사람은 사 람에 대해 무관심하다. 이들은 다른 사람의 마음을 가치 있는 것 으로 인정하지 않기 때문에 모방하여 자신의 것으로 받아들이지 못한다.
③ 수다스럽지 않은 사람 - 혼자만 떠들어대는 사람은 내용을 축적 할 수 없다. 자신을 드러내고자 하는 마음으로 머리가 꽉 차 있는

사람은 다른 사람의 이야기에 감동을 주며 대화에 참여할 수 없는
사람이다. 이런 사람은 성장을 기대할 수 없다.

다음은 내용을 충실하게 만들기 위해서는 어떤 점에 주의해야 하는
지 그 핵심적 내용을 다뤄 보았다.

● 관찰력을 발휘한다

사물을 의식적으로 보지 않으면 의외로 중요한 점을 놓치게 된다.
외부의 자극이 그것을 받아들이는 사람의 지식이 되어 기억에 남기 위
해서는 내면에서 작용하는 주의력 기능이 반드시 있어야 한다. 그러기
위해서는 사물에 관심을 가지고 흥미를 느끼며 그 필요성을 불러일으
킬 수 있도록 스스로 의식하는 훈련이 필요하다.

그것은 다른 사람에게 배우고, 책을 통해 배우고, 일을 통해 배우
고, 자연에서 배운다는 욕심을 절대적인 필요조건으로 한다. 아무것도
느끼지 못하는 무감각한 눈으로 사물을 바라본다면 가치 있는 것도 아
무 의미가 없는 잡음과 빛의 물리적인 자극으로 취급된다.

● 영상으로 인식한다

사람이 사물을 기억하는 것은 그것을 의미 있는 영상(映像)으로 인식
하기 때문이다. 또한 의미 있는 영상을 기억하고 있으면 머리에 떠올리면
서 이야기할 수 있기 때문에 비교적 스피치하기가 쉽다. 스피치 할 때 '그
일을 말해야지' 라고 이야기할 영상을 머릿속에 재구성하여 스피치하
면 더욱 자세한 상황 설명이 가능하다.

● 영상을 말로 표현할 수 있도록 한다

스피치를 한다는 것은 말로써 상대방의 머릿속에 자신이 의도하는 것과 같은 그림을 똑같이 그리게 만드는 일이라고 생각하면 된다. 이는 전할 내용을 단순한 그림으로 인식할 뿐만 아니라, 그것을 말로 표현할 수 있도록 해 두어야 한다는 의미이다.

● 말의 뒷받침으로써 영상을 인식한다

어떤 사실을 영상으로 기억하는 일은 매우 중요하지만 반대로 말의 뒷받침으로써 그 사실을 영상화할 수 있는 것도 필요한 조건이다. 그것은 말하는 사람의 내용적 강화로 이어진다. 예를 들면 다음과 같은 구별이 중요하다.

① 걸어 간다- 사라져 가는 뒷모습
② 걸어 온다- 다가오는 모습
③ 걷고 있다- 옆얼굴을 보이며 걷는 모습

● 사물을 연관지어 생각한다

한 가지 패턴으로 사물을 본다면 사물의 한 가지 면밖에 보이지 않는다. 그러므로 다면적으로 볼 줄 알아야 한다. 고립된 존재로서가 아니라, 다른 사물과 연관지어 파악해야 한다. 그냥 아는 것만으로는 부족하다. 개개의 지식을 사고(思考)에 의해 서로 연관지어 지식을 자유자재로 혹은 임기응변적으로 사용할 수 있도록 자기 것으로 만들어야 한다.

2) 말하는 능력은 현대 사회의 요구

예전의 사람들은 대화 이외의 스피치를 할 수 있는 기회도 별로 없었을뿐더러 스피치에 대한 관심도 거의 없었다. 특히 청중 앞에서 스피치를 한다는 것은 소위 사회적인 명사나 계층의 일부 그리고 정치인들에 한정된 것이라는 인식이 강했다.

그러나 짧은 기간 동안 우리나라는 급격하게 전통사회에서 산업사회로 변화하였다. 권위주의적 사회에서 개인주의 사회로 이전되면서 스피치에 대한 관심과 필요성이 더 커졌다.

한 예로 젊은 시절 앞 뒤 가리지 않고 맨주먹으로 회사를 일구어 이제 어엿한 중소기업의 대표가 된 50대의 K씨! 그는 영업을 할 때 학연, 지연에, 사돈의 팔촌이라도 연고만 있는 사람이면 물러설 줄 모르는 투지와 끈기로 계약을 성사시켰다. 사원 관리는 부하직원에게 맡기고 자신은 오로지 현장에서 직접 뛰는 것에 승부를 걸었다. 잠도 자지 않고 불철주야로 일한 덕에 이제는 성공한 기업가로 인정받는 위치에 이른 것이다. 그의 입지전적인 성공이 여기저기 알려지자 방송국에서 성공담을 이야기해 달라는 요청이 들어오는가 하면 동창회에서는 회장직을 맡겼고 결혼 주례를 부탁해 오는 사람도 간간이 있었다. 이제까지 실패를 모르고 두려움을 몰랐던 K씨는 어느 날부터인가 '스피치'라는 괴물 때문에 다른 사람과 눈만 마주쳐도 가슴이 뛰고 긴장되는 버릇까지 생겼다.

한 사람의 이야기를 짧게 예로 들었지만 현대 사회에서 이런 경우는 우리 주변에서 매우 흔하게 볼 수 있다. 그만큼 사회의 변화에 따라 현대인에게 요구되는 바 역시 달라졌다는 것을 인식하지 않을 수 없다.

많은 사람들이 대중 앞에서 효과적으로 이야기하여 청중에게 공감을 주고 이해를 얻을 수 있기를 바란다. 그러나 그런 바람과는 달리 많은 이들이 다른 사람들 앞에서 스피치하는 것을 상당히 곤혹스러워한다. 또한 훌륭한 내용을 가지고도 그것을 표현하는 기술이 부족해서 자신의 의도가 정확하게 전달되지 않았다거나, 청중들이 조는 바람에 망신만 당했다는 이야기를 흔히 한다. 더욱 간과할 수 없는 점은 적절하지 못한 스피치 방법으로 인해 내용까지 가치 없는 것으로 간주되어 버린다는 점이다. 이것은 서로에게 불행한 일이다.

스피치의 필요성을 느끼는 사람은 성공한 40, 50대만이 아니다. 젊은 사람들은 더 많은 스피치의 압박에 시달리고 있으며 그 필요성을 절감하고 있다. 취업을 위한 면접뿐만 아니라 직장생활 중 사내 업무나 대외적인 영업활동, 회의 등은 물론이고 여가 활동에서조차도 어느 정도 수준 있는 스피치의 능력이 요구되고 있는 것이 현실이다. 요컨대 오늘날은 스피치의 시대라고 해도 과언이 아닐 정도로 그중요성이 날로 커져 가고 있음이 분명하다.

대중을 대상으로 스피치할 기회가 늘고 있다

많은 사람들 앞에서 말하는 일은 옛날에는 정치가나 종교가, 그리고 교육자 등 특정한 사람들에게만 한정된 일이었다. 하지만 최근에는 당당하게 사회의 한 사람으로서 역할을 다하기 위해서는 언제 어디서나 많은 사람들 앞에서 이야기를 할 수 있어야 한다. 다시 말하면 많은 사람을 대상으로 하여 스피치할 기회가 많아지고 있는 것이 현대 사회의 특징이라고 할 수 있다.

집단적으로 공동목표를 달성하기 위하여 행해지는 조직활동에서는 그중심이 되는 리더나 관리자는 물론, 평범한 구성원이라 해도 조회나 후배 지도, 결혼식, 학부모회 등 스피치를 해야 할 자리는 매우 많고 다양하다. 민주적인 사회일수록 많은 사람을 대상으로 자신의 의견을 바르게 전달해야 할 기회가 많아지고 있고, 그것이 집단생활과 사회생활에서 중요한 역할을 하고 있음은 물론이다. 이런 경향은 앞으로 더욱 많아질 것이다.

스피치와 일상회화의 차이

그런데 체계를 세워 조리 있게 장시간 스피치를 계속하는 것과 좋아하는 화제를 자유롭게 스피치하는 일상대화는 내용이나 이야기하는 방법도 당연히 다르다.

일상적인 대화라면 1 대 1의 간단한 인사나 그때그때 생각나는 내용만으로도 별 문제가 없지만 대중 앞에서는 그때그때 생각나는 대로 이야기하다가 적당히 넘어갈 수는 없다. 내용적으로도 깊이가 있어야 하며, 그 목적과 대상에 따라 표현방법이나 갖추어야 할 조건도 자연히 달라지기 때문이다.

많은 사람들 앞에서 자신의 생각을 솔직하게 표현하고 효과적으로 이야기할 수 있다면 그것은 곧 자신감으로 이어지고 결국에는 사물을 보는 시각과 사고방식까지 변하게 된다. 왜냐하면 스피치는 세상을 살아가는 일과 깊이 관련되어 있기 때문이다. 실제로 올바른 의미에서 스피치를 잘 할 수 있게 된다면 다른 사람과의 교제가 더 이상 고통이 되지 않으며 다른 사람들과 더불어 살아가는 것이 즐거워지기 때문이다.

수많은 사람과의 협력관계를 기반으로 하여 살아가는 현대인의 자격 중 한 가지로 많은 사람 앞에서 이야기하는 스피치 능력을 기르고 닦는 일은 피할 수 없는 길이다.

특히 비즈니스맨에게 있어서는 사적인 생활은 물론 업무지시나 회의에서의 의견발표, 고객에 대한 상품 설명 등을 적극적이고 효과적으로 하기 위해서라도 스피치 능력은 반드시 필요한 자격 중 하나라고 할 수 있다.

3) 훌륭한 스피치란 무엇인가?

'화술(話術)'이란 스피치를 하는 데 필요한 일체의 기술이다. 앞서 언급했듯이 스피치의 목적에 기초하여 줄거리를 세우고, 풍부한 정보와 화제를 적절하게 넣어 청중에게 신뢰를 줄 수 있는 자세와 그 목적을 충분히 이해시킬 수 있는 표현방법으로 주어진 시간 내에 목적을 달성하고 마칠 수 있도록 하는 스피치의 방법과 기술을 뜻한다.

훌륭한 스피치는 상대방에게 불쾌감을 주지 않고 효과적으로 연설자의 뜻을 잘 이해할 수 있도록 전해 주는 것이라고 할 수 있다.

현대 사회에서 어떤 능력을 갖고 있다는 의미는 그 능력을 효과적으로 표현할 수 있는 능력, 즉 스피치 능력을 지니고 있다는 것으로 풀이해도 과언이 아니다.

예컨대 교수나 학자가 아무리 학식이 많아도 이를 전달하는 방법이 서툴다면 무능하다고 낙인찍히기 쉬우며, 직장인도 일을 아무리 열심히 하더라도 회의나 프레젠테이션에서 더듬거리게 되면 그 능력을 제대로 평가받을 수 없기 때문이다.

따라서 자신이 가진 능력을 스피치를 통해서 제대로 표현하지 못하면 아무리 훌륭한 능력을 지니고 있다 해도 그것을 발휘할 기회를 놓치게 되고 자신의 능력을 제대로 평가받지 못하는 안타까운 일이 생기는 것이다.

미국의 사회학자인 피터 드러커(Peter Ferdinand Drucker) 박사는 현대 사회의 특징을 기술하면서 이렇게 말하고 있다. "인간에게 가장 중요한 능력은 자기 표현력이며, 현대의 경영이나 관리는 커뮤니케이션에 의해 좌우된다." 스피치는 개개인에게만 중요한 것이 아니라, 유명 정치인의 연설처럼 대중을 움직일 수 있는 엄청난 폭발력을 가지고 있기 때문에 스피치가 사회 전체에 미치는 영향은 결코 적지 않다. 따라서 어느 분야에서든 성공하려면 스피치 능력을 향상시키는 것이 무엇보다도 중요하다.

사람은 누구나 말 잘하는 사람, 즉 뛰어난 연사가 되고 싶어 한다. 그러나 스스로가 자신은 말주변도 없고, 스피치에는 재능이 없다고 생각하여 포기하는 사람들이 적지 않다. 하지만 말주변이나 유창함은 좋은 스피치의 필요조건도 충분조건도 아니다.

뛰어난 연사가 되고자 하는 소망은 단지 의욕만으로 이루어지는 것이 아니다. 스피치를 잘하기 위해서는 먼저 어떠한 스피치가 청중의 마음을 사로잡는 스피치인가를 알아야 하며, 치밀한 준비와 꾸준한 훈련을 통해 당당한 스피치를 할 수 있는 능력을 키워야만 한다.

또한 좋은 연사가 되기 위해서는 사회적 지위나 명성도 어느 정도 있어야겠지만, 스피치의 능력도 기본적으로 갖추어야 한다. 흔히 스피치 기법이라고 하면 멋들어진 표현이나 목소리의 높고 낮음, 또는 화려한 제스처만을 연상하기 쉽다.

그러나 스피치 기법은 겉으로 화려한 연설이나 보기에 멋들어진 프레젠테이션만을 위해 있는 것은 아니다. 스피치 기법은 스피치를 준비하고 실행하는 전 과정과 관련된 것으로 적절하고 핵심적인 아이디어를 고안하고 이를 논리적으로 조직하며, 적절한 표현양식을 통해 구성한 후 효율적으로 암기하여 감동적으로 발표하는 것을 말한다.

불행하게도 우리나라는 스피치에 대한 교육 체계가 미비해 어떤 스피치가 훌륭한 것인지 잘 알지 못하고 있다. 정치인도 예외는 아니어서 스피치를 효과적으로 활용하고 있는 사람이 많지 않다 해도 과언이 아니다. 좋은 스피치를 하려면 스피치 기법을 우선 몸에 익혀야 한다. 스피치의 기회가 왔을 때는 이를 단지 마지못해 하는 요식행위라고 생각하거나 넘어야 할 장애물로 여기지 말아야 한다. 자신의 능력과 지식, 인격과 진솔함 그리고 열정과 사랑을 널리 알릴 수 있는 좋은 기회라는 긍정적 생각을 하면서 적극적으로 임해야 한다. 그럴 때만이 스피치에 대한 불안이 해소되는 것은 물론이고 자신도 모르게 훌륭한 스피치를 할 수 있게 된다. 스피치를 할 때에는 무엇보다도 자기 자신을 믿어야 한다. 혹시 잘못되면 어떡하나 하고 조바심을 내거나 실수하면 어떡하나 하는 회의나 불안감을 버리고 자기 자신을 믿고 열정적으로 준비할 때 좋은 스피치를 할 수 있다. 모든 상황을 고려하여 철저한 준비를 한 후 스피치에 임한다면 실패할 이유도 없다.

그러나 스피치에 자신감을 가지라는 말은 어떤 불안감도 느껴서는 안 된다는 말이 아니다. 정도의 차이는 있겠지만 인간은 누구나 무대 공포증 또는 발표에 대한 불안감을 갖기 마련이다. 긴장하고 불안해하는 것은 인간이라면 당연한 반응이다. 어느 정도의 긴장은 두뇌회전을 빠르게 하고 보통의 상태보다 더 많은 능력을 발휘하게 만든다. 뿐만 아니라 스피치의 질을 높이는 효과를 가져오기도 한다. 불안을 극복하기 위해 준비와 연습을 철저히 하게 되기 때문이다. 불안감을 긍정적인 생각으로 바꾸면서 철저한 준비와 훈련을 한다면 누구나 멋진 스피치를 할 수 있다.

2. 스피치의 준비 절차

스피치는 물론이고 논술을 포함한 모든 메시지(소설, 방송 프로그램, 논문, 보고서)는 다음과 같은 순서로 개발되는 것이 바람직하다.

● 제1단계 – 지피지기(知彼知己)

연사 자신의 목적, 태도, 장단점 그리고 청중의 태도, 지식, 감정상태 등을 분석한다. 스피치를 성공적으로 수행하기 위해서는 사전 준비가 적절하게 진행되어야 한다. 필요한 사항을 제대로 준비하지 못했거나 불필요한 사항만 잔뜩 준비해 가지고 연단에 서게 되면 스피치는 실패로 끝날 수밖에 없다. 따라서 스피치를 앞둔 연사가 제일 먼저 해야 할 일은 이 스피치를 "어떠한 방향으로 준비하여야 할 것인가"를 결정하는 것이다. 스피치 준비의 방향을 제대로 설정하기 위해서 연사는 우선 자기 자신을 정확하게 이해해야 한다. 그런 다음에 상대방, 즉 청중의 속성을 정확하게 파악하여야 한다. 바꾸어 말하면, 효과적인 스피치의 준비는 정확한 지피지기(知彼知己)에서 출발한다는 것이다.

- 제2단계 – 핵심명제(주제문) 개발: 주제와 목적을 정하고 핵심명제를 개발한다

연사 자신과 청중에 대한 분석이 끝나고 본격적인 스피치 내용을 준비하는 과정에서 제일 먼저 해야 할 일은 스피치의 핵심명제(Purpose sentence)를 정하는 것이다. 핵심명제란 스피치에서 하고자 하는 말을 하나의 간결한 문장으로 표현한 것으로서 스피치를 총괄하는 아이디어인 셈이다. 스피치 준비과정을 제대로 이해하지 못하는 사람들은 먼저 여러 가지 아이디어를 개발해 놓은 다음 나중에 이들을 통합하여 핵심명제를 만들어야 되는 것으로 생각하거나, 아니면 연사가 제시하는 여러 아이디어들을 들은 다음 핵심명제를 청중이 헤아려야 하는 것이라 생각하는 경향이 있다. 그러나 이것은 매우 잘못된 생각이다.

첫째, 핵심명제가 제시되지 않은 상태에서 여러 가지 아이디어들을 난삽하게 제시하면 청중은 혼란에 빠져 핵심명제를 찾아내기는커녕 연사의 말 자체를 이해하는 데 어려움을 겪게 된다. 핵심명제, 즉 연사가 하고자 하는 말의 골자를 스피치 서두에서 미리 제시해야만 그 다음에 제시되는 여러 가지 아이디어들이 갖는 의미를 쉽게 파악할 수 있다.

둘째, 아이디어들을 다 개발해 놓은 다음 이들을 정리하여 핵심명제를 추출하는 것은 매우 어려운 작업일 뿐 아니라 지극히 비효율적인 접근법이다. 아이디어들이 일관성 있게 개발되었다면 정리과정에서 버릴 것도 없고 이들을 통합하는 것도 비교적 용이할 것이다. 그러나 핵심명제가 정해지지 않는 상태에서 '무슨 얘기를 하지?' 하는 막연한 생각만 가지고 아이디어들을 개발하다 보면 개발된 아이디어들 사이에 일관성이 유지되기 힘들다. 서로 연결이 잘 되지 않는 아이디어들을 통합하

여 한마디로 요약한다는 것은 불가능하기 때문에 결국 많은 아이디어들을 버려야 하며 이 공백을 메우기 위해 다시 새로운 아이디어들을 개발해야 한다. 그러다 보면 결국 내용 준비를 새로 시작하는 셈이 된다.

핵심명제는 연사로 하여금 어떠한 방향으로 아이디어를 개발하고 자료를 준비해야 할지를 알려 주며 청중으로 하여금 어떠한 방향으로 스피치가 전개될 것인지를 예측케 하여 그들의 이해를 돕는 기능을 한다. 따라서 스피치 준비는 핵심명제를 개발하는 것으로부터 출발하여야 하며 스피치의 본격적 진행은 핵심명제를 제시하는 것으로부터 출발하여야 한다.

● 제3단계 – 주요 아이디어 개발: 핵심명제를 뒷받침할 주요 아이디어를 개발한다

스피치의 주제와 목적이 결정되고 이에 기초하여 핵심명제가 개발되면 스피치의 뼈대를 구성할 주요 아이디어를 개발해야 한다.

예를 들어, 어떤 회사의 연구개발팀이 X라는 신상품을 개발하여 이를 중역진에게 발표하는 경우를 생각해 보자. 주제는 '제품 X의 특성과 판매전망'으로 표현될 수 있고 개괄적 목적은 이를 채택하도록 '설득'하는 것이라 할 수 있다. 이때 세부 목적은 "중역진들에게 제품 X의 우수성과 밝은 판매전망을 인식시키기 위해"로 정할 수 있고, 핵심명제는 "제품 X는 기능이 탁월하기 때문에 밝은 판매전망을 가지고 있다"라 할 수 있다. 이처럼 세부목적과 핵심명제가 정해지면 이들을 구성하는 요점들, 즉 '탁월한 기능'과 '밝은 판매전망'을 어떠한 식으로 설명해 나가야 할지를 결정해야 한다. 이를테면, '기능이 탁월함'을 보여주기 위해서는 '이전 제품이 가졌던 문제점', '제품 X의 새로운 기능', '제품 X의 기능

이 이전 제품의 문제점을 해결하는 방식', 그리고 '제품 X가 가지는 새로운 문제점의 부재' 등을 논의하여야 한다. 이처럼 핵심명제의 요점을 보다 자세하게 설명하기 위해서 반드시 다루어야 할 주요 소재들을 찾아내는 과정을 주요 아이디어의 발견 또는 개발이라고 한다.

- **제4단계 – 세부내용 개발: 주요 아이디어 각각에 대한 세부내용을 개발한다**

스피치의 주요 아이디어들이 정해지면 이 주요 아이디어들을 보다 자세히 풀어 나갈 세부 내용을 개발해야 한다. 세부 내용을 개발하는 방법은 주요 아이디어의 성격에 따라 달라진다. 주요 아이디어가 연사의 주장을 내세우는 것이라면 세부 내용은 이 주장에 대한 입증(Support)이어야 한다. 주요 아이디어가 어떤 물건이나 개념 또는 사건이나 과정의 속성이나 특징을 서술하는 것이라면 세부 내용은 이를 보다 자세히 설명하는 것이어야 한다. 그러므로 세부 내용을 개발할 때는 주요 아이디어가 설득적 성격을 가진 주장인지 아니면 단순히 정보전달의 성격만을 가진 서술인지를 판단을 먼저 해야 한다. 그래서 전자라면 이 주장을 입증하는 내용을 개발해야 하며 후자라면 그 아이디어를 보다 자세히 설명하는 내용을 개발해야 한다.

- **제5단계 – 정리 및 조직: 개발된 내용을 정리하고 조직한다**

스피치의 조직은 여러 차원에 걸쳐서 이루어지기 때문에 한꺼번에 모든 것을 조직하는 것보다는 단계적으로 체계를 잡아 나가는 것이 좋다. 스피치를 조직할 때 제일 먼저 해야 할 일은,

① 주요 아이디어들 사이의 체계를 잡아주는 일이다. 주요 아이디어란 스피치에서 언급하고자 하는 중요한 포인트, 즉 요점들로써 스피치 본체의 뼈대를 이루는 것을 의미한다. 따라서 주요 아이디어가 먼저 결정되어야 비로소 스피치의 기본 틀이 잡히는 것이다. 주요 아이디어의 조직이 끝나면,

② 주요 아이디어 각각에 대한 세부 내용들 사이의 체계를 결정하여야 한다. 세부 내용이란 주요 아이디어를 뒷받침하는 입증자료나 주요 아이디어에 대한 구체적인 설명들을 가리킨다. 하나의 주요 아이디어는 여러 가지 세부 내용들을 갖게 되므로 이들이 잘 조직되어야 주요 아이디어의 의미가 명확해진다. 주요 아이디어와 세부 내용의 체계가 결정되면,

③ 스피치 주요부의 조직을 완성하여야 한다. 스피치 주요부란 스피치를 시작하는 말과 끝맺는 말을 뺀 나머지 부분을 이야기한다. 스피치 주요부에는 주요 아이디어와 세부 내용 이외에도 스피치의 핵심명제가 들어가야 하며, 이 요소들 사이의 관계를 명확하게 해주고 연결을 부드럽게 해주는 예고(Preview), 중간요약(Internal summaries), 그리고 문간 이동(Transitions) 등이 삽입되어야 한다. 이 세 단계에 걸친 작업이 끝나면 스피치의 조직은 일단 완성되는 셈이다.

물론 실제 스피치에서는 여기에다 서두(스피치를 시작하는 말)와 결론이 추가되어야 하지만 이들은 조직이 완성된 다음에 확정될 것이기 때문에 이 조직에 포함할 수가 없다.

● 제6단계 – 서론과 결론 개발: 서론과 결론을 개발한다

흔히 스피치를 준비할 때는 서두부터 준비하고 나서 본론에 해당하는 핵심명제와 주요 아이디어 그리고 세부 내용 등을 마련하고 마지막으로 결론을 준비하는 것으로 생각한다. 그러나 일반인들의 생각과는 달리 서두와 결론은 스피치의 조직이 완성된 다음 결정하는 것이 훨씬 더 효과적이다. 결론이 나중에 준비되는 것이야 당연하게 느껴지겠지만 서두조차도 조직이 완성된 후 개발되어야 한다는 말에 문제를 느끼는 사람도 있을 것이다. 그러나 스피치에서 서두가 나중에 개발되어야 할 필연적인 이유가 있다. 그것은 서두가 먼저 결정되면 스피치의 준비가 모두 이 서두를 염두에 두고 이루어지기 때문에 정작 스피치 준비를 리드해야 할 스피치의 세부 목적이 외면당할 가능성이 높다.

스피치가 목적을 중심으로 일관성 있게 준비되려면 서두가 아닌 세부 목적과 핵심명제가 스피치 준비를 주도하도록 해야 한다. 따라서 본론의 조직이 끝날 때까지는 서두를 결정하지 않는 것이 좋다.

● 제7단계 – 개요서 작성: 개요서를 작성한다

스피치 중에서 가장 자연스럽고 청중과의 커뮤니케이션을 가장 원활하게 할 수 있는 방법은 개요서에 의한 스피치(Extemporaneous speech)이다. 이것은 스피치를 준비하는 과정에서나 그것을 실행하는 과정 모두에서 완성된 대본을 사용하지 않고 개요서만을 작성한 후 이에 기초하여 스피치를 연습하고 실행하는 방법이다.

개요서(Outline)란 스피치의 개요, 즉 주요 아이디어와 세부 내용의 골

자만을 간결하게 적어 둔 미완성 스피치 대본을 가리킨다. 개요서만 가지고 연습을 하게 되면 자신의 아이디어를 다양하게 표현해 볼 수 있는 기회를 갖게 된다. 개요서는 골자만 적어 두기 때문에 연습할 때마다 표현이 달라질 수밖에 없고 연습을 거듭하다 보면 하나의 골자를 여러 가지로 표현해 보는 셈이 된다. 이런 상태에서 실제 스피치를 하게 되면 연습해 둔 표현방식 중 하나가 생각나거나 또 다른 유사한 표현이 쉽게 떠올라 정확한 표현을 기억하려고 노력할 필요가 없다.

개요서는 완성된 대본이 아니기 때문에 이에 기초한 스피치는 완성된 대본에 기초한 스피치보다 적응력이 뛰어날 수밖에 없다. 이 경우 연사는 스피치를 진행하면서 청중의 반응이나 상황의 변화에 따라 적절하게 대응할 수 있어야 한다.

완성된 대본을 외우거나 읽는 경우에는 이러한 것이 불가능하지만 개요서에 의해서 스피치를 하는 경우에는 얼마든지 가능하다. 이것은 중간 중간 개요서를 참고로 하면서 그저 청중과 대화하는 기분으로 살을 덧붙여 나가면 되는 스피치 방식이기 때문이다.

개요서에는 준비 개요서와 실행 개요서가 있다. 준비 개요서는 스피치를 준비하는 과정에서 작성하는 개요서로 이것이 완성되면 스피치 준비는 일단 종결되는 셈이다. 준비 개요서에 부연 반복이나 자세한 설명만 첨가하면 스피치 대본이 되기 때문에 대본을 작성할 필요가 있는 사람도 일단 준비 개요서를 만들어 두는 것이 좋다. 대본을 쓰기 전에 준비 개요서를 작성해 두면 전체적 체계나 주요 아이디어들 사이의 관계 그리고 주요 아이디어와 그 세부 내용들 사이의 관계를 점검하기가 용이해진다.

실행 개요서는 준비 개요서의 요약본으로 스피치를 실행할 때 참고로 하기 위해 작성한다. 일반적으로 준비 개요서는 양이 많기 때문에 실제 스피치를 하면서 참고하기에는 부적절하다. 또한 실제 스피치를 할 때 실행 개요서는 준비 개요서에 없는 '연사 스스로에게 보내는 메시지', 이를테면 "정면을 향하고 미소를 지어라" "잠깐 쉬어라" 등의 메시지를 적어 두어 더욱 효과적인 스피치를 할 수 있도록 돕는다. 따라서 치밀한 연사들은 준비 개요서를 대폭 축소하고 스스로에게 보내는 메시지를 추가한 실행 개요서를 만들어 이에 기초하여 스피치를 실행한다.

● 제8단계 – 자자구구 표현: 자자구구 표현해 가면서 스피치를 준비한다

개요서의 작성이 끝나면 이제 그 내용에 구체적으로 살을 붙이는 작업이 이루어져야 한다. 이 작업은 어떤 종류의 스피치를 하느냐에 따라 그 성격이 달라지는데, 대본을 낭독하거나 암기하여 발표하는 경우에는 모든 것을 기록하여 대본 또는 연설문을 작성하여야 한다. 또한 개요서에 의한 스피치를 하는 경우에는 계속 표현의 방법을 달리해 가면서 발표하는 연습을 해야 한다. 어떠한 방법을 택하든 자신이 하고자 하는 말을 효과적으로 표현하는 기법을 터득하는 것이 중요하다.

1) 스피치의 5대 원리

상대방이 이해할 수 있도록 설명하여 납득시키고 설득시키는 스피치의 효과를 기대하기 위해서는 다음과 같은 스피치의 5대 원리를 이해하면서 말하는 습관을 기르는 것이 좋다.

강조법(强調法)

말을 할 때에는 어느 단어를 강조하느냐에 따라서 그 의미 전달의 효과가 큰 차이가 난다.

예를 들면 "높은 산으로 뛰어 올라갔습니다."라는 말을 한다고 하자. 이 말에서 '높은'을 강조하면 산이 높이가 높은가, 낮은가를 강조하게 되는 것이고 '뛰어'를 강조하면 높은 산을 가는데 뛰어갔는가, 걸어갔는가에 초점이 맞추어지는 것이다.

이 강조법은 음의 변화(음도의 차이)로 조절한다는 것도 함께 알아두자.

예문 (v는 음의 변화, 즉 소리의 높임을 표시한다.)

① v높은 산으로 뛰어 올라갔습니다.

② 높은 산으로 v뛰어 올라갔습니다.

③ 이 연사는 평화 통일의 중요성을 v힘차게 주장합니다.

④ 제가 생각하기에는 v기호 2번, 홍길동이가 이 지역 발전을 위해서는 v최고의 적임자라고 생각하는데, v여러분은 어떻게 생각하십니까?

띄어 말하기

같은 내용의 말을 할 때에도 어디서 어떻게 띄어서 말을 하느냐에 따라서 의사 전달의 차이가 심하다. 일상생활의 스피치는 물론이고 식사(式辭)나 대중연설에서도 자신의 호흡에 맞게, 그리고 내용에 맞게 띄어서 말하는 습관을 평소에 길러야 한다.

특히 연설에 경험이 없거나 자신이 없어 원고를 보면서 연설을 해야 하는 경우에는 원고에 숨을 쉬는 표시(/, //)를 해놓고 발표를 하면 훨씬 쉽게 말을 잘할 수 있고 커다란 효과를 볼 수 있다.

예문 (/는 숨을 잠깐 쉬는 표시, //는 숨을 한 번 길게 쉬는 표시이다.)

① 존경하는/ 주민 여러분!// 그리고// 현명하신/ 유권자 여러분!//

② 기호 2번,// 저 홍길동이를// 선택해 주십시오.// 우리 OO동을/ 발전시키겠습니다.// 열심히/ 일하겠습니다. 여러분!//

③ 6.15/ 남북 공동선언문을 교환하는// 김대중 대통령과// 김정일/ 국방위원장의 모습을 지켜본// 칠천만 겨레는// 한마음으로// 통일을 기원하며// 감격하지/ 않을 수가 없었습니다.

감정표현(感情表現)

화술(話術)이란 사람의 마음을 움직일 수 있는 말의 기술(speech technic)이므로 상대방과 이야기를 할 때에는 감정의 적절한 표현이 매우 중요하다.

상대방을 설득시키고 심금(心琴)을 울릴 수 있는 말에는 반드시 자신의 꾸밈없는 감정이 들어 있다. 그런데 이 감정의 표현 방법은 음의 높낮이 조절, 즉 고저장단(高低長短)의 억양 구사를 통해 표현해야 하며 내용에 맞게 기쁨과 슬픔 등을 표현해야만 한다.

소리 원근법(遠近法)

어떤 내용을 말할 때 소리의 표현 방법을 어떻게 하느냐에 따라서 그 의미와 전달 효과는 큰 차이를 가져 온다고 본다.

목소리를 점점 크게 해서 그 의미를 강하게 하는 방법도 있으나, 그 반대로 목소리를 점점 작게 하여 그 의미를 강하게 하는 표현의 방법도 있는 것이다.

예문

① "안돼요, 안돼요, 안돼요"를 점점 크게 할 때 : 정말 안 된다는 것을 강조하는 표현

② "안돼요, 안돼요, 안돼요"를 점점 작게 할 때 : 정말 어쩔 수 없이 허락한다는 표현

동적 표현(動的表現)

스피치를 할 때에는 그 내용에 따라서 어떤 제스처를 사용하느냐에 따라서 듣는 사람들에게 그 이해의 폭을 넓게 할 수 있다.

우리는 대체로 대화나 대중연설을 할 때 서양 사람들에 비해 제스처를 사용하는 경우가 드문 것이 사실이다. 그러나 상대방을 좀 더 쉽게 이해시키고 효율적인 스피치의 효과를 얻기 위해서는 역시 내용에 부합하는 다양한 제스처의 사용이 중요하다.

※ 스피치의 5대 원리에 맞추어 작성된 예문을 살펴보자.

제목 : 고민하는 민족

(이 글은 언어학자이신 이희승 님의 글임을 밝혀 둡니다.)

고민하는 시대!

고민하는 민족!

지금 우리는 역사의 분류 속에서 무한한 고민을 맛보고 있습니다.

동양과 서양, 지구상의 모든 인류가 다 고민 속에서 괴로운 호흡을 계속하고 있거니와 그중에서도 특히 이 땅, 이 시대, 이 민족의 고민은 모든 민족 중에서 대표적이라 아니 할 수 없습니다. 우리 민족이 가진 반만년의 역사란 것이 통틀어 고민의 연속선이요, 남의 민족의 말발굽 소리와 자기 민족끼리의 피비린내 속에서 고민하며 자라온 민족이 바로 우리 민족이기도 합니다.

우리의 역사는 실패한 역사라고도 합니다.

우리의 역사를 불안한 역사라고도 합니다.

실패케 한 조건과 불안케 한 원인을 배제하고 일소하여 "승리한 역사, 안락한 민족"으로 바꾸자는 것이니 이것이 곧 "역사 혁명이요, 민족 혁명"인 것입니다.

흔히들 동서고금에 정의가 실패한 일이 많다고 합니다만 불의의 역사가 결코 오래간 일이 없거늘 우리 민족의 고민은 우리들 자신의 손으로만 벗겨야 합니다.

민족을 위한 심각한 고민에서, 나라를 사랑하는 진정한 포부에서 우리의 말과 글과 동작을 행해야 할 것이며 민족 문화의 창조에 총력으로 경주해야만 하겠습니다.

제목 : 언젠가 내 시대가 온다

"언젠가 내 시대가 온다."

나는 이 말을 특히 젊은이들에게 전하고 싶습니다.

오스트리아의 식물학자 멘델은 비엔나 대학에서 자연 과학을 연구하고 부룬에 들어와서 수도원 원장이 되었습니다. 그는 수도원의 공원에서 콩을 재배하여 유전을 연구하고 마침내 '멘델의 법칙'을 발견하였습니다. 그는 그 유전의 법칙을 학계와 학보에 여러 번 발표를 하였으나 학자들의 주목을 끌지도 못했고 세상의 인정을 받지도 못했습니다.

진리가 땅에 묻힌 채 그는 실의 속에서 세상을 떠나고 말았습니다.

그러나 멘델에게는 확고부동(確固不動)한 신념이 있었습니다.

"나의 유전의 법칙은 확실한 진리다."

반드시 인정되는 날이 있을 것이라고 믿었습니다.

언젠가 나의 시대가 올 것이라고 외쳤습니다.

얼마 후 여러 학자들의 실험 결과, 멘델의 법칙은 과학적 진리로서의 인정을 받았습니다.

그의 말대로 그의 시대가 온 것입니다.

인간에게는 득의(得意)의 시대와 실의(失意)의 시대가 있습니다.

모든 일이 뜻과 같이 될 때도 있고 뜻과 같이 되지 않을 때도 있습니다.

시인 롱펠로우가 '인생의 찬가'에서 노래했듯이 사람은 기다릴 줄을 알아야 합니다.

실의(失意)의 시대에는 인내 속에 기다려야 합니다.

그와 동시에 언젠가는 자기의 시대가 오리라는 자신을 가지고 그날을 위해서 꾸준히 준비하고 힘을 길러야 합니다.

실력이 있는 자만이 자기의 시대가 왔을 때에 그 기회를 포착하여 힘차게 일을 할 수가 있습니다. 실력이 없는 자는 자기의 시대가 와도 그 기회를 절대로 붙잡지 못합니다.

개인이건 단체이건 민족이건, 실력의 축적이 가장 중요합니다.

언젠가는 내 시대가 옵니다.

우리는 멘델의 이 말에 용기를 얻고 그날을 위해서 힘을 길러야만 합니다.

2) 스피치 커뮤니케이션(Speech Communication)

항상 호흡하며 살고 있는 공기의 고마움을 우리가 평소에는 느끼지 못하듯이, 눈을 뜨는 순간부터 사용하는 말(言語)도 우리가 너무나 당연한 것으로 생각하고 크게 관심을 두지 않는다.

"잘 잤니?" "기분 좋다" 또는 "몸이 찌뿌듯하다" 등의 인사말로 시작하는 아침의 상황을 생각해 보자. 혼자 있는 경우에도 자신과의 대화가 이렇게 시작될 경우가 있을 테지만, 한 가정에서 두 사람 이상이 만나면 거의 '반드시'라고 할 정도로 대화(conversation)가 이루어진다. 갓난아기는 울어서 기저귀를 갈아 달라고 하든가 먹을 것을 달라고 하며, 두 살배기 아이는 "까까" 소리를 외치면서 간식을 요구한다. 그것 역시 메시지를 담고 있는 나름의 언어인 것이다. 다섯 살 된 어린이는 짧은 얘깃거리를 만들어 부모나 할머니와 할아버지의 귀여움을 받는다. 학교에 다닐 때쯤이면 제법 많은 시간을 이러한 대화에 소비하게 된다. 그러면 도대체 인간은 하루 중에 얼마나 자주 대화를 하며 살까? 통계에 따르면 동서양 불문하고 성인 한 사람이 날마다 대화에 들이는 시간은 눈뜨고 있는 시간의 30% 정도라고 한다.

그런데 이러한 대화가 연설(public speaking)과 많은 공통점을 가지고 있다는 점에 주목하는 사람은 흔치 않다. 길을 묻는 사람에게 길을 가르쳐 주면서도 체계적으로 순서를 밟아 차근차근 얘기해 주려면 생각을 논리적으로 정리해야 한다. 상대가 어린이라면 어린이에 맞는 말로 그리고 상대가 대학생이면 그에 맞게 대답해 줘야 한다. 최대의 효과를 내기 위해 목소리를 가다듬는다든가 눈에 띄는 특징도 말해 준다. 친절한 사람이라면 상대방의 반응까지를 살핀다. 다시 말해서 생각을 논리적으로 정리하고, 상대방 수준에 맞는 말을 선택하고, 최대의 효과를 내도록 말하고, 상대방의 반응에 따라 반복하거나 다른 방법을 찾는 일 등은 일상의 대화에서나 연설에서나 비슷하게 사용되는 기술이라는 것이다.

그러나 많은 청중 앞에서 연설을 할 때에는 분명한 차이가 있다. 그것은 대중연설이 제한된 시간 내에 일방적으로 말을 하되, 화자(speaker)도 그만큼 말할 내용을 미리 준비하고 더욱 체계적으로 말하는 목적을 정리해야 하기 때문이다.

뿐만 아니라 연설의 경우에는 일상 대화에서 사용 가능한 속어나 상스러운 표현을 피하고 더 격식 있는 말을 써야 한다. 말하는 방식이나 태도에 있어서도 청중이 잘 알아들을 수 있도록 목소리를 조절하고, 분명하게 몸을 곧게 하고 "어, 음" 소리를 자주 내거나 기타 습관적인 행동을 해서는 안 된다. 이런 점들을 고려해야 하기 때문에 연설을 준비하는 화자는 간혹 심리적으로 조바심을 느끼게 되는 경우도 있다.

따라서 여기서는 성공적인 대중연설을 하기 위해 준비하는 사람이 알아두어야 할 대중연설 과정에 포함되는 다음과 같은 내용 요소들을 소개한다. 화자(speaker), 내용(message), 매체(channel), 청중(listener), 반응(feedback), 간섭(interference) 그리고 상황(situation) 등이다.

화자(speaker)

일반적으로 스피치는 화자가 있다는 것에서부터 시작한다. 대중연설은 이 화자가 중단 없이 일방적으로 청중에게 말을 하는데, 연설의 성공 여부는 바로 이 화자에 달려 있다고 해도 과언이 아니다. 특히 청중의 화자에 대한 신인도(credibility)가 높을 경우에는 그 연설의 설득 효과는 그만큼 높다고 할 수 있다. 화자가 연설하는 분야의 지식에 통달해 있고 철저한 준비, 좋은 연설 태도와 화제에 관한 관심을 가지고 청중에게 다가가는 열정이 돋보이면 그 화자의 신인도는 그에 따라서 더욱 높아질 수 있다.

오늘날 흔히 credibility, prestige, image 등으로 표현되는 화자의 신인도를 아리스토텔레스는 화자의 지혜, 인격, 그리고 선의에 달려 있다고 보았다. 이에 현대의 여러 학자들은 의도(intention), 전문성(expertness), 진실성(trustworthiness)과 박력(dynamism)으로 화자의 신인도가 결정된다고 거론하고 있지만 아리스토텔레스의 이론 범주를 넘지는 못한다.

그러나 무엇보다 중요한 것은 이러한 화자의 신인도는 청중이 부여

한다는 것이다. 연설이 시작되기 전에 화자가 이러한 요소를 고루 높게 갖추었다고 해도 연설의 전후나 연설 중반에 청중이 부여하는 신인도는 낮아지거나 더 높아질 수도 있다는 점을 인식해야 한다.

연설 내용(message)

화자가 전달하고자 하는 내용의 말이 주종을 이루고 있지만 전달되는 음조 또는 말투(tone) 또한 이에 못지않게 중요하다. 예를 들면 "오늘 저녁에 내가 자네를 데리러 가겠다"는 말을 했을 때, 말투에 따라 전달되는 느낌으로 다르게 해석될 수 있다. 주저하거나 마지못해서 한 말이라 생각할 수도 있고 기꺼이 한다는 의미로 들을 수도 있다. 듣는 사람의 느낌에 따라 달리 해석될 수 있기 때문이다. 따라서 화자는 자신이 의도하고 있는 내용을 사실 그대로 전달하는 것이 중요하다는 것을 알아야 한다.

화두(話頭, topic)를 시간에 맞게 줄이고, 선택한 화두를 강력히 뒷받침해 줄 내용을 골라 정리함으로써 자신의 의도를 청중에게 분명히 전달해서 확신을 얻게 해야 한다. 물론 정확한 발음으로 생동감 넘치게 적절한 표현을 구사하는 것이 중요하다. 이 밖에도 연설 시에 화자의 목소리, 외모, 몸동작, 얼굴 표정과 같은 비언어적(nonverbal) 요소에도 신경을 써서 전달하고자 하는 내용이 방해받는 일이 없어야 한다.

매체 또는 방법(channel)

내용을 전달할 통로, 즉 매체(媒體)가 중요함은 두말할 필요도 없다. 라디오를 이용할 것인가 텔레비전이나 인터넷 방송을 사용할 것인가 아니면 이들 모두를 사용할 것인가 하는 것이다.

예를 들면 대통령이 의회에 나와서 직접 연설을 하는 경우에 청중이 마이크를 통한 육성을 직접 들으며 화자를 눈으로 볼 뿐만 아니라 연단 장치와 스텝까지 모두 보게 되지만 텔레비전으로 보는 것은 또 다르며 라디오를 이용할 경우에는 전파에 실린 목소리만을 듣게 된다. 미국 대통령 선거전에서 케네디 후보와 닉슨 현직 대통령 사이에 있었던 토론(Nixon-Kennedy Debate)에서 얼굴색이 창백하고 늙게 비쳐졌던 닉슨 대통령이 지식과 이론 그리고 정보면에서는 뒤질 것이 없었으나 고배를 마셔야 했던 것도 바로 TV 매체를 통한 이미지메이킹의 실패였다고 평가되고 있다. 그렇듯이 일단 특정 매체를 선택했으면 그에 상응한 준비도 철저히 해야 한다. 책을 읽듯 말하는 화법도 방송에서는 금기(禁忌)시 되기 때문이다.

청중(audience or listener)

화자가 전달하는 내용은 청중의 소위 준거 틀(frame of reference), 즉 과거의 경험, 지식, 목표, 가치, 태도 등에 의한 기준에 여과되어 전해진다. 따라서 화자가 뜻하는 의미가 똑같은 의미로 청중에게 전달될 수는 없다.

그러므로 화자는 특정 청중을 상대로 할 때에는 그에 맞도록 내용을 준비하는 것이 필요하다. 효과적으로 연설하는 화자라면 화자중심의 연설이 아닌 청자중심의 연설을 한다. 화자는 언제나 청중을 염두에 두고 있어야 한다. 내용이 너무 어렵거나 너무 쉬우면 청중의 관심과 흥미는 초기에 멀리 달아날 수밖에 없다. 청중의 관심, 지식, 경험,

가치관 등에 초점이 잘 맞춰진 연설일수록 성공할 확률은 높은 것이다.

1980년대에 레이건 대통령이 재선을 노리면서 선거전에 임할 당시에 지나가는 택시 기사들에게 누구를 선호하느냐고 선거 운동원이 질문을 하자 그들은 "레이건"이라고 대답했다. "왜 그러냐"하고 다시 물으니 "내가 알아들을 수 있게 말하는 사람은 그 양반 뿐"이라고 대답하더라는 이야기는 당시 미국 사회에 농담처럼 알려졌던 일이다.

청중의 반응(feedback)

텔레비전을 통한 대통령의 대국민 연설은 일방적(one-way) 커뮤니케이션이다. 대부분의 경우는 현장 청중(immediate audience)이 있는 양방향(two-way) 커뮤니케이션이어서 청자들의 반응을 바로 알 수 있다.

대중 연설장에서 화자와 청자 간에 말을 주고받는 경우는 극히 드물지만 앞사람 의자에 몸이 닿을 정도로 윗몸을 앞으로 기울여서 듣는다든가, 박수를 보내든가 웃는 청자는 관심이 많은 사람이며 경청하는 사람이다. 그러나 다분히 의심스러운 얼굴을 하거나 다리를 꼬든가 시계를 쳐다보는 청자는 그와 반대 부류의 사람이다.

전자의 경우 즉 일방적 커뮤니케이션의 경우에도 늦은 반응이지만 청자들의 반응은 있게 마련이다. 특히 방송 매체를 통해서 화자의 메시지를 접한 청중은 원격 청중(remote audience)이지만 여러 가지 방법으로 반응을 보낸다. 투표로 자신의 의사를 표출하는 것이 그 대표적인 경우이다.

아무튼 동의나 부동의 또는 지루함 등의 의사 표시를 청중은 분명히 보내고 있으며 그에 따른 조절을 잘 하는 것이 화자의 의무이다.

간섭 또는 방해(interference)

메시지 전달을 방해하는 요소들이 있다. 이를 테면 자동차의 경적 (警笛)소리, 전파 장애, 학교 운동장에서 들려오는 각종 행사의 잡음 따위들은 모두 화자나 청중의 주의력을 산만하게 한다. 이런 연설장 외부로부터 오는 간섭이나 방해 요소 외에도 파리나 모기에 물린 청중, 애인과 만날 약속을 해 둔 청중, 기타 다양한 간섭 요소들이 청중 자신들에게서 나올 수도 있다.

상황(situation)

현대 화술학(rhetoric) 학자들이 상황이 스피치를 만든다고 할 정도로 상황은 스피치에 있어서 중요하다. 갓난아기가 우는 것은 배고픈 상황이나 기저귀를 갈아야 할 상황이 일어났기 때문이며, 대한항공 KAL 007기가 격추되는 상황이 벌어졌기 때문에 그것을 규탄하고 해명하려는 스피치가 발생하는 것이다.

그리고 스피치 커뮤니케이션이 일어나는 때와 장소에 대한 고려도 필요하다. 멋진 레스토랑에서 촛불을 밝히고 로맨틱한 분위기에서 청혼(請婚)을 한다면 성사 가능성이 크겠지만, 오디오 사운드가 요란하게 울려대는 장소에서 사랑을 속삭인다면 받아들여지지 않을 수가 있는 것이다. 또한 민감한 문제를 얘기하려면 상황이나 분위기를 봐서 시의적절한 때를 기다리기도 해야 한다. 장례식, 교회 예배, 졸업식 같은 행사에서 연설을 할 경우, 화자는 그 상황에 적합한 말을 해야 한다. 또한 스피치를 하는 곳이 옥외냐 옥내냐에 따라, 협소한 교실이냐 아니면 체육관

같은 넓은 장소냐 하는 물리적 환경에 따라서, 그리고 청중의 다소(多少)도 고려하여 적절한 조절이 필요하다.

3. 스피치의 종류

사람들 앞에서 하는 스피치는 어떤 자리에서나 통용될 수 있는 하나의 고정적인 패턴이 있는 것이 아니다. 스피치의 내용과 목적, 모임의 의도, 그 자리의 상황 등에 따라 그 활용방식은 매우 다양하다. 그러므로 당연히 상황과 조건에 따라 표현방법도 달라져야 한다.

사람들 앞에서 스피치를 할 때 그 효과를 높이기 위해서는 먼저 말하는 목적과 종류, 내용, 스피치를 듣는 대상의 특징 등을 파악하고 그것들을 살려내어 말해야 한다.

사람들 앞에서 하는 스피치의 종류에는 여러 가지가 있는데 크게 나누면 테이블 스피치, 강의, 강연, 연설, 화예 등으로 구분할 수 있다.

1) 테이블 스피치(결혼식·동창회·출판기념회·각종 파티 등)

송별회, 퇴직자 환송회, 신입사원 환영회, 결혼식, 동창회, 출판기념회, 동호회 모임 등에서 이루어지는 이야기를 테이블 스피치라고 한다.

테이블 스피치는 참가자 간의 인간관계를 우호적으로 만들고 모임의 의의를 모두에게 각인시키기 위하여 이루어지는 것으로, 모임의 분위기를 살리고 그 모임을 성공으로 이끄는 것을 최종 목적으로 한다. 그래서 테이블 스피치를 "무드 스피치"라고 말하는 사람도 있다.

스피치의 표현 방법에 있어서 미사여구를 많이 사용하여 멋만 부리는 형태의 스피치는 아주 잘못된 스피치 형태 중에 하나다. 모든 사람들이 쉽게 알아들을 수 있는 평범한 표현보다 어렵고 추상적인 표현을 하여 자신의 학식을 자랑하려는 듯한 인상을 심어 주는 스피치는 피해야 한다.

댄스세계에서는 파트너가 없어서 원망스러운 눈길로 혼자 벽에 붙어 서 있는 사람을 일컬어 '벽화(壁畵)'라는 표현을 쓴다. 본인도 쓸쓸하지만 주변 사람도 마음이 몹시 불편하다. 비단 댄스세계에만 이 '벽화'가 있는 것은 아니다. 모두가 스피치에 참여하고 있는데 혼자만 우두커니 앉아 있는 사람도 이와 똑같은 경우다. 말하지 않고 가만히만 있으면 확실하게 소외되어 버린다. 스피치를 나누는 사람들 틈에서 홀로 도태되지 않도록 스피치 능력을 갈고닦아 두는 일은 조직 속에서 살아가는 비즈니스맨으로서 그리고 현대 사회를 살아가는 사람으로서의 의무이기도 하다.

이상의 점에서 알 수 있듯이, 테이블 스피치에서는 혼자만 떠들거나 일부만이 즐길 수 있는 화두는 적극 피해야 하며 누구나 자연스럽고 기분 좋은 분위기를 즐길 수 있도록 서로를 배려하며 스피치를 하는 것이 중요하다.

2) 강의(학생·연수생 등을 대상으로 이야기한다)

강의란 어떤 내용에 대해 체계를 세워서 일정 기간이나 시간 동안

하는 스피치를 말한다. 따라서 강의는 체계화된 내용이 전제된다. 대학 강의를 위한 스피치는 연수생이나 학생들의 지적 이해를 구하는 것이 주요 목적이므로 쉽게 알 수 있도록 설명하는 것이 관건이다. 보통 대학 강의는 내용이 주체가 되므로 원리론이나 일반론이 많은데 최근에는 학교 수업이 실생활에 도움이 되지 않는다 하여 이에 반대하는 움직임이 나타나고 있다. 특히 비즈니스 강의는 학자처럼 연구실의 원리론을 설명해 봤자 대부분의 경우 업무에는 직접적인 도움이 되지 않는다. 그래서 연구소가 아닌 일반 직장에서는 다분히 설득적인 강의가 늘어나는 경향이 있다.

직장생활을 하다보면 선배로서 또는 상사로서 실무적인 일이나 체험을 연수회 등을 통해 발표할 기회가 생기고, 그밖에도 많은 사람들 앞에서 말할 기회가 많아진다. 협력회사나 계열회사의 사원교육 등에서 자사 제품 설명을 위해 사람들 앞에 서게 되는 일도 많다. 말하자면 누구나 강사로서 강의를 하는 일이 생기게 되는 것이다. 이런 때에 내용적인 면은 물론 방법적인 면에서도 효과적으로 이야기하여 책임을 다하는 것은 자신의 직장에 대한 좋은 평가를 위해서나 자신의 실력을 인정받기 위해서나 여러 모로 매우 중요하다.

3) 강연(문화강연·경제강연·학술강연 등)

가장 바람직한 스피치의 형태로 몇몇 사람과의 일상생활에서의 대화는 물론이고 대중연설에서도 많이 사용하는 대화형 스피치의 형태이다. 이런 대화형 스피치는 자연스럽게 말을 하는 데에 중점을 두고 누구나 알아듣기 쉬운 용어, 그리고 구체적이고 재미있는 사례를 들어가며 유머 있게 이야기를 하는 방법이다.

최근에는 개인과의 대화나 미팅에서, 그리고 식사(式辭)나 선거 연설에서도 대화형의 스피치가 사용되고 있는 것이 현실이므로 스피치 훈련을 할 때 꼭 명심해야 할 형태라는 것을 알아야 한다. 강연은 공중(公衆: 사회 일반인으로서 넓은 지역에 흩어져 있으며 어떤 단체로 조직되어 있지 않은 사람들)이나 기타 각종 단체의 사람들을 대상으로 연구결과나 본인의 의사, 의견 등을 이야기하여 청중의 이해를 얻는 것을 목적으로 한다.

기존의 강연은 문화강연·경제강연·학술강연 등으로 불린다. 이것은 지적 성장을 목적으로 이루어지는 설명이 주를 이루었다. 그러나 최근에는 지적인 이해뿐 아니라 납득과 함께 청중의 행동을 요구하는 것이 많아졌다. 사내 강연이나 단체(동업·취미·스포츠 등) 강연에서는 단순히 '알았다' '그 말이 맞다'는 식의 지적이해에만 머무르는 것이 아니라, '그렇게 하자'는 자발의지를 요구하는 설득적인 요소가 요구된다고 볼 수 있다. 그러므로 연사는 주최자와 청중이 무엇을 기대하는지 분명하게 파악하고 이야기할 필요가 있다. 최근에는 연사를 선택할 때 이론에만 치우치는 학자적인 사람보다는 실무적인 이야기를 잘 할 수 있는 사람을 더 선호하는 경향이 강해졌다. 따라서 일반 비즈니스맨들도 강연을 통해 이야기할 기회가 점점 늘어나고 있다고 할 수 있다.

4) 연설(정치연설·선거연설·시정 방침연설 등)

이 스피치는 내용의 중요성보다는 듣는 사람의 마음에 동정심을 호소하여 효과를 끌어내려는 애원조의 과장된 표현 방법이 쓰이는 바람직하지 않은 스피치에 해당한다. 지난날 선거 유세에서 많이 사용되어 왔던 대중연설은 어떻게 보면 쇼맨십이 다분히 섞인 애원하는 듯한 스피치의 형태를 가지고 있다.

그러나 이제 유권자들의 의식이 높아짐에 따라서 이런 구걸조의 스피치는 효과를 기대할 수 없기 때문에 이런 형태의 스피치가 점점 사라지고 있는 것이 현실이다. 이 스피치는 내용보다는 테크닉(억양의 변화구사)에 중점을 두고 말하는 형태로 들을 때에는 감동을 받는 것처럼 느껴지지만 연설을 다 듣고 나면 아무것도 기억에 남는 것이 없는 경우가 많다. 그러나 순간순간 듣는 사람들의 박수를 유도해 내어 분위기를 장악하는 데에는 아주 효과적인 방법이기 때문에 각종 대중 스피치에 많이 활용된다.

연설이란 대부분의 경우 불특정 다수의 사람을 대상으로 자신의 주장과 생각을 이해시키고 최종적으로는 행동을 구하는 스피치를 말한다.

따라서 지적(知的)으로만 이해시키거나 "그 말이 맞긴 하지만 난 하고 싶지 않아"라는 반응을 보인다면 그 효과를 충분히 보지 못했다고 할 수 있다. 지적으로 이해시키고 감정적으로도 납득시켜 최종적으로는 청중이 스스로 행동을 하도록 의지적인 공감을 불러일으켜야 한다.

연설은 정치활동·노동운동·학생운동 등과 같은 특수한 경우에 이루어지는 '1 대 다수'의 커뮤니케이션이다. 많은 비즈니스맨들이 노동조합에 소속되어 있으므로 연설을 접할 기회가 많을 것이다. 위원장이나 사무국장 같은 지위에 오르는 사람은 한정되어 있지만 분과위원이나 대위원 등을 체험하는 사람은 상당수에 이른다. 특히 젊은 사람이 임원이

된 경우에 스피치에 대한 소양이 없으면 비굴해지거나 반대로 허세를 부리다 그 경박함을 드러내게 되는 경우가 종종 있다. 예전처럼 독특한 어조로 호언장담하는 절규형의 스피치는 줄어들고 있는 추세이며 그와 함께 강력하게 밀어붙이는 강한 스피치도 줄어들었다.

5) 화예(동화구연·만담·설교 등)

화자(話者)가 듣는 사람의 입장에서 말을 하는 것이 아니라 자신의 생각과 주장을 그대로 전달시키려고 하는 조금은 이기적이고 일방적인 형태의 스피치이다.

이야기의 중간 중간에 자신이 한 말을 확인이라도 하려는 듯이 "그렇지요? 이해가 됩니까?" 등의 표현을 많이 사용한다.

이런 형태의 스피치는 주로 교사, 경찰관, 목사 등의 직업인이 많이 사용하는 방법으로 그다지 좋은 스피치의 방법이라고는 할 수 없으나 순간적으로 대중의 감정을 자극하여 행동을 자아내는 대중 스피치에는 효과를 기대할 수 있다.

이것은 특정 대상, 특수한 공간, 특수한 의도를 가지고 이루어지는 스피치다. 형태가 정해져 있거나 독특한 모습과 어조를 사용하는 것이 이 스피치의 특징으로, 일종의 기법을 수반하지 않으면 효과적인 화예(花藝)가 될 수 없다.

동화에서는 개와 고양이, 새 등이 사람처럼 말을 한다. 그리고 어느 경우에는 나무나 풀 등의 식물과 돌멩이 같은 무생물까지도 말을 한다. 현실적으로는 있을 수 없는 일이지만 전혀 이상하다는 생각 없이 즐겁게 들을 수 있다.

또한 '백발이 삼천 척에 이르렀다'는 식의 과장된 이야기라도 즐거이 돈을 지불하면서까지 들으러 가는 이들이 있다. 만담이나 동화구연 등이 바로 그런 것이다.

이것은 내용의 정확함이나 진실을 요구하는 것이 아니라 스토리의 구성과 기술을 즐기는 것이 목적이며 화자와 청자, 쌍방의 용인 하에 성립되는 것이다. 웃음과 감동을 통해 인생의 고민 등을 승화시켜 주는 설교 같은 것도 화예의 일종이라 할 수 있다.

화예는 이론보다 느낌을 중시한 화법에서 발달했다. 비즈니스나 일상생활 속에서 이야기를 화예의 경지까지 높이기란 쉬운 일이 아니다. 하지만 고도의 화예까지 이르지는 못하더라도 화예적인 이야기는 마음의 휴식이 되며 스피치의 효과를 높이는 데 도움이 된다. 스피치에는 그 것을 듣고 즐기는 마음과 여유도 때로는 필요하다.

4. 스피치 할 때의 올바른 태도

일상생활의 대화에서도 그렇지만, 특히 많은 사람들 앞에서 하는 스피치의 경우에 듣는 사람은 이야기의 내용보다 스피치를 하는 사람을 보고 시각적인 인상으로 그 사람을 평가하는 경우가 있다. 왠지 자기가 싫어하는 태도를 취하는 사람의 이야기는 듣고 싶지 않거나 듣는다고 하더라도 그다지 호감을 갖지 않는다. 따라서 호감을 받고 효과적인 스피치가 되도록 하기 위해서는 너무 경직되거나 격식을 차리는 태도 그리고 거만하거나 불성실한 태도를 취해서는 절대 안 된다. 자연스럽고 상대방을 편하게 해줄 수 있는 태도가 스피치 할 때의 올바른 태도이다.

※ 말할 때의 올바른 자세

① 허리를 펴고 자세를 바르게 한다.

② 청중 전체를 골고루 바라본다.

③ 손은 살며시 모아 가볍게 쥐거나 옆으로 내린다.

④ 어깨의 힘을 빼고 자연스럽게 선다.

⑤ 다정하고 부드러운 표정을 한다.

연탁(演卓)이 있는 경우에는 두 손으로 살며시 연탁의 양끝을 잡고 말을 하는 테이블 스피치의 요령도 매우 좋다. 또한 대중을 상대로 한 강연이나 연설을 할 때에는 한쪽 손으로 마이크를 잡고 말을 하는 것도 상대방과 가까이 할 수 있는 하나의 방법이다.

Part2.
어떻게
스피치를
준비할
것인가?

Part 2

1. 스피치의 실제와 준비 방법

스피치에 임하는 사람은 사전에 철저히 연구하고 준비해야 한다.

첫째, 과소평가하지 말라.

스피치에 임하는 사람은 흔히 자신의 능력이 부족하다고 자신을 과소평가하는 경향이 많다. 미리부터 자신이 말주변이 없다고 생각하거나 경험이 부족해서 스피치를 잘 할 수 없다고 지레 겁을 먹는 것이다. 이렇게 겁을 먹는 이유는 무엇보다도 스피치를 너무 특별한 것으로 생각하기 때문이다.

둘째, 불안감을 공개하라.

스피치의 불안감은 누구나 갖는 것이므로 자신의 불안감을 지나치게 의식할 필요가 없다. 오히려 불안감을 숨기려고 하기보다는 자신이 이 스피치를 중요하게 생각하고 있기 때문에 무척 긴장하고 있다는 사실을 솔직히 털어놓는 것이 좋은 방법이다.

셋째, 스피치에 집중하라.

스피치를 시작하기 직전이 스피치에 대한 공포가 가장 정점에 이르는 순간이다. '내가 잘 해낼 수 있을까?' 하는 걱정을 하기 시작하면 준비한 원고를 잊지 않았는지 걱정이 앞서고, 원고를 자꾸 확인하게 된다. 그리고 청중들의 표정도 마치 화가 난 듯하게 느껴져 두려움마저 생기게 된다. 이런 불안을 잊는 방법은 스피치 자체에 몰두하는 것이다.

넷째, 철저하게 준비하고 과감하게 훈련하라.

한번 스피치를 잘못했다고 해서 더 이상 스피치를 못하게 되는 것은 아니다. 그것은 오히려 다음 스피치를 위한 귀한 경험이 된다. 그러나 준비 부족으로 인한 스피치의 실패는 청중으로부터 쉽게 용납 받을 수 없는 행동이다. 준비 부족으로 인한 실패에 대해서는 스스로도 관대해서는 안 된다.

다섯째, 청중과 친숙해져라.

아무리 스피치에 능숙한 사람도 많은 청중 앞에서는 상황적 불안증에 빠지기 마련이다. 그 이유는 다른 사람의 시선을 의식하기 때문이다. 또한 결과에 대한 막연한 공포를 가지게 되기 때문이다. 이러한 상황에서 느끼는 불안증은 청중과 가까워지는 것으로 극복할 수 있다.

여섯째, 호흡이라는 진정제를 활용하라.

불안에 빠지고 긴장을 하게 되면 온몸에 힘이 빠지면서 다리나 손이 떨리기 마련이다. 또한 얼굴이 붉어지고 호흡도 거칠어지면서 발음도 부정확해진다. 이럴 때에 복식 호흡으로 신체적인 이상을 조절하게 되면 긴장도 풀리고 불안증도 진정된다. 복식 호흡은 숨을 깊이 들이마셨다가 내쉬는 호흡법이다.

일곱째, 시각 자료를 활용하여 분산법을 써라.

시각 자료는 발표 불안증의 완화에 큰 도움이 된다. 시각 자료를 사용하게 되면 연사는 청중을 정면으로 바라보지 않아도 된다. 청중의 시선이 자신에게 쏟아지고 있다고 의식할 때 발표 불안증이 가장 고조되기 쉽기 때문이다. 시각 자료의 사용은 청중의 시선을 시각 자료로 돌릴 수 있으므로 시선에 대한 부담이 크게 완화된다.

스피치를 통하여 실제적으로 다른 사람과 효과적으로 의사소통을 하려면 충분한 사전 준비가 필요하다.

첫째, 스피치의 상황과 듣는 이에 대한 분석을 한다.
둘째, 스피치의 상황과 듣는 이에 적합한 말하기의 종류, 화제, 목적
      등의 결정을 한다.
셋째, 화제에 관한 이야기의 자료, 곧 메시지 자료의 수집과 취사 선
      택을 한다.

넷째, 취사 선택된 메시지 자료들을 체계적이고 논리적으로 배열, 조합하여, 메시지의 개요를 작성한 뒤에 이를 토대로 완전한 메시지의 원고를 작성한다.

다섯째, 작성된 원고를 보며 큰 소리로 말하기 연습을 하면서 음성도 가다듬어 보고, 몸짓과 얼굴 표정 등도 실제로 지어 보는 예행연습을 한다.

이상과 같이 하면 대체로 스피치의 준비는 거의 끝난 셈이다.

그러나 실제로 스피치를 할 때, 그리고 스피치가 끝났을 때를 대비해 준비해 두어야 할 것이 더 있다.

여섯째, 청중의 즉흥적인 반응에 대한 대응 방법의 수립이다. 듣는 이가 질문이나 반박을 한다든지, 시끄럽게 떠들거나 너무 침묵만 할 경우 어떻게 대처할 것인지에 대한 대응방법도 미리 세워 두는 것이 좋다.

일곱째, 스피치의 효과에 대한 측정과 평가 방법에 대한 계획이다. 스피치가 끝난 뒤에 그 효과를 어떻게 측정하고 평가할 것인가 하는 방법도 미리 생각해 두어야 한다.

2. 스피치의 형태

1) 스피치의 내용

자료의 수집

일반적으로 화제, 즉 이야기의 재료가 없는 사람은 화술에 능숙할 수가 없다. 일상에서 화제를 수집하는 방법은 신문이나 책을 많이 읽는 것이 도움이 된다. 스피치에 있어서도 방대한 자료가 필요하다. 스피치에 자료를 활용하기 위해서는 우선 미리 자료를 수집하고 수집한 자료를 정리해 두지 않으면 안 된다.

자료의 수집은 수첩과 필기구를 항상 챙기는 마음가짐에서부터 비롯된다. 그래서 책이나 신문, 또는 텔레비전에서 본 것이나 경험 등 무엇이든 '호기심을 자극하는 것'은 일단 메모하고 스크랩하는 습관을 들이는 것이다.

지금까지 살아오는 동안에 자신이 겪었던 많은 에피소드 역시 유용한 자료가 된다. 경험 중에서 특이한 일, 놀라운 사실, 어이없는 실패담, 박장대소할 정도로 우스운 사건 등 남에게 들려줄 이야깃거리라고 생각되는 것 모두를 스피치의 좋은 소재로 삼을 수 있다.

자료의 관리

자료의 관리는 여러 가지가 있는데 그중에서 가장 보편적인 것은 책에서 필요한 부분을 발췌하는 방법, 신문이나 잡지를 스크랩하는 방법, 팸플릿이나 인쇄물을 수집하는 방법, 타인의 말이나 본인의 생각을 메모하는 방법 등을 들 수 있다.

사람은 자기가 접하게 되는 정보의 60%를 한 시간 이내에 잊는다고 한다. 때문에 읽고 경험한 것을 남에게 전달하려면 기억에 의존할 것이 아니라 메모나 스크랩을 통한 '기록'을 활용하는 것이 효과적이다.

특히 이렇게 모은 소재는 누구도 따라할 수 없는 독특한 체험이므로 자신만의 숨겨진 무기로 삼아도 괜찮을 것이다. 수집된 자료는 정리에 의해 활용할 수 있고 활용에 의해 그 자료의 가치가 나타나는 것이다. '분명히 그때 수집한 자료가 있었는데……' 하면서도 그것이 어디 있는지 정확히 모른다면 아무런 소용이 없다. 따라서 가급적 빠른 시간 안에 내용을 분류하고 정리하여 관리하는 것이 바람직하다.

2) 내용의 구성

연제

스피치 주제(연제)에 대해 청중이 얼마나 많은 관심을 갖고 있는가를 파악해야 한다. 청중이 주제에 대해 관심이 많다면 자연히 열심히 경청하겠지만, 관심이 없다면 청중은 연사에게 집중하지 않게 될 것이다. 따라서 청중의 호응을 얻기 위해서는 흥미를 가질 수 있는 주제를 선택해야 한다. 그러나 어쩔 수 없이 청중이 관심을 갖지 않는 주제로 스피치를 해야 할 경우가 있다. 이런 경우에는 스피치 테크닉을 어떻게 효과적으로 구사하느냐에 따라 성패가 좌우된다. 스피치 주제에 대해서도 청중은 여러 다른 반응을 보인다. 주제에 대한 청중의 반응과 연사 자신의 반응이 비슷하다면 별 문제가 없으나 상반되거나 적대적인 경우라면 상당한 주의가 요구된다.

스피치의 줄거리와 형식

말을 잘하는 사람을 보면 메모를 잘 활용한다는 것을 알 수 있다. 그들은 메모하는 습관이 몸에 베어 있다. '빈 수레가 요란하다'는 말이 있듯이 아무리 뛰어난 기교를 사용하여 이야기를 하더라도 그 내용이 알차지 못하면 스피치의 효과를 거둘 수 없다. 스피치 내용에 알맹이가 들어 있어야 청중과의 효과적인 만남이 이루어진다. 비록 말이 어눌하다 할지라도 그 줄거리가 새롭고 알차서 흥미를 끌면 청중은 그 말에 귀를 기울인다. 따라서 스피치의 줄거리를 준비할 때에는 그 내용이 청중의 개인적인 관심사와 관련이 있는지 따져보고 만약 개인적인 관심이 있다면 더욱 적극적인 스피치를 해야 한다. 그리고 청중의 심리를 파악하고 그 심리의 저변을 꿰뚫어야 한다. 좋은 발표 내용을 준비하기 위해서는 우선 상대방의 마음을 꿰뚫어 보는 통찰력이 필요하다. 이것은 상식적인 것이지만 이 기본적인 요소를 제대로 인식하지 못해 실패하는 경우가 많다.

스피치의 내용과 형식은 표리관계를 이룬다. 스피치에는 자유로운 형식의 말하기가 있고 일정한 형식의 말하기가 있다. 스피치의 자유로운 형식의 대표적인 예는 대화이다. 이러한 형식의 말하기로 우리는 사회 구성원간의 친교, 정보 전달, 설득 등의 다양한 목적을 수행한다. 인사말 역시 자유로운 형식의 말하기이다. 이것은 개업이나, 결혼식 광고, 정찬 연설 등에서 인사말을 하여 구성원의 유대를 돈독히 할 수 있는 말하기 형태이다. 그러나 일상의 대화가 어떤 특정한 장면을 위한 것이나 특정 목적으로 제한된 것이면 대담, 면담, 좌담 등으로 일컬어지는 스피치의 형태가 된다.

일정한 형식의 스피치는 전문적인 스피치로 대개 형식과 절차가 구체적으로 정해져 있다. 형식과 절차를 가장 엄격하게 지키는 스피치로는 회의와 토론 등이 있는데 이것은 일정한 격식으로 진행되는 스피치이다. 그리고 회의나 토론보다 형식의 제약은 덜 받지만 화자가 일정한 자격을 갖추고 있어야 하는 강연이나 강의 등이 있다. 목적이 뚜렷하고 대중을 상대로 행해지는 스피치로는 연설, 웅변 등을 둘 수 있다.

내용과 형식을 주제와 상황에 맞춰서 잘 구성하여 줄거리를 잡는 것이 중요하다.

서론과 결론의 개발

"시작이 좋아야 끝도 좋다"는 말이 있다. 스피치 서론의 중요성을 강조하는 말이다. "끝이 좋으면 모든 것이 다 좋다"는 말이 있다. 스피치 결론의 중요성을 강조하는 말이다.

가. 서론의 개발

스피치의 서론은 전형적으로 전체 스피치의 10%를 차지하는 것이 일반적이며 서두와 핵심명제의 소개 및 전체 스피치에 대한 예고 등으로 구성된다. 물론 모든 서론이 이 세 요소를 다 포함하는 것은 아니다. 필요한 경우에는 이 세 요소를 모두 포함할 수 있지만 상황에 따라서는 이 중 하나나 둘을 생략할 수도 있다.

가) 좋은 서론의 조건

① 서론은 청중의 주의를 일깨우는 시작의 기능을 가질 뿐 아니라, 주제를 예시하면서 화제가 얼마나 중요한가를 알려준다. 또한 목소리의 톤을 조율하는 중요한 시점이기도 하다. 서론은 청중의 흥미와 관심을 유발하며, 분위기를 무르익게 하고, 스피치 주제를 도입하며, 공신력의 기반을 다지고, 본론의 내용을 예고하는 기능을 수행한다. 따라서 좋은 서론은 청중의 관심과 흥미를 유발할 수 있어야 하며, 좋은 분위기를 조성할 수 있어야 하고, 스피치 주제를 적절하게 도입할 수 있어야 하며, 연사의 공신력과 호의를 빛낼 수 있어야 하고, 본론의 내용을 적절히 예고할 수 있어야 한다. 이렇듯 서론은 여러 가지 중요한 기능을 수행한다. 좋은 서론을 개발하려면 우선 서론이 수행하는 기능들을 이해하고 이 기능들을 제대로 수행할 수 있는 방법을 연구하여야 한다.

② 좋은 서론의 조건은 주제나 본론의 내용과 연관성 있게 구성되어야 한다는 것이다. 스피치의 주제를 적당히 제시하여 청중이 스피치에 집중할 수 있도록 돕는다. 또한 본론의 내용을 적절하게 예고하며 청중이 관심과 흥미를 끌도록 운을 띄워 준다.

③ 청중의 관심을 유발시키는 방법은 유발 시점에 따라 두 가지로 나눌 수 있다. 그중 하나는 서두에서부터 청중의 흥미를 끌도록 하는 방법이고 또 하나는 주제와 핵심명제를 소개한 후 이것을 청중과 결부시킴으로써 그들의 관심을 유발시키는 방법이다.

④ 분위기 조성은 스피치의 시작과 동시에 해야 한다. 스피치의 성패는 의도한 목적을 달성할 수 있느냐 없느냐 하는 데 달려 있지만, 이

목적의 달성 여부는 분위기에 의해 크게 좌우된다. 스피치의 분위기를 청중에게만 의존하지 말고 적절한 기법을 동원하여 집중할 수 있는 분위기를 조성하도록 해야 한다.

⑤ 스피치의 서두는 청중의 관심을 끌기 위해 분위기를 조성하면서 다음에 도입될 스피치 주제에 대한 힌트를 주는 것으로 시작한다. 그래야만 주제가 무리 없이 전달될 수 있고 청중의 관심 또한 자연스럽게 그 주제로 옮겨져서 조성되었던 분위기가 지속될 수 있다.

⑥ 일부 연사들은 스피치의 서두에서 겸손의 뜻으로 스스로 준비가 부족하다든지 말하는 것이 서툴다고 미리 고백하기도 하는데 가급적 이런 말은 피하는 것이 좋다. 서론은 연사 자신이 전문가이며 청중에게 좋은 의도를 가지고 스피치에 임하고 있다는 인상을 심어 주는 것으로 시작해야 한다.

⑦ 스피치 내용의 예고는 흔히 핵심명제를 밝힘으로써 시작하는데, 스피치가 짧은 경우에는 핵심명제를 밝히는 것 자체로 족하다. 그러나 긴 스피치를 하는 경우에는 핵심명제를 밝힌 후 이를 보다 자세하게 설명함으로써 스피치 전체에 대한 이해를 갖도록 하는 친절함이 필요하다.

나) 서론의 기법

서론의 기법에는 관심 끌기 기법과 인용에 의한 기법, 주변상황 코멘트 기법, 청중 동원 기법, 연사의 신변 잡담 기법 등이 있다.

① 관심 끌기 기법은 청중의 관심을 끌기에 좋은 서두로 '깜짝쇼' '긴

장 유발' '시각 자료 소개' '재미있는 이야기' 등이 있다. '깜짝쇼'란 청중이 전혀 예상하지 못했던 엉뚱한 것으로 청중을 깜짝 놀라게 함으로써 스피치에 주의를 집중시키는 기법이다. 그리고 '긴장 유발'은 청중들이 깜짝 놀라면서 긴장하게 될 이야기를 끄집어냄으로써 주의를 집중시키고 이를 주제와 연결시켜 나가는 방법이다. 또한 '시각 자료 소개'는 스피치 주제와 연관있는 시각적 자료를 보여주면서 스피치를 시작하는 기법을 가리킨다. 시각적 자료에는 실물, 모형, 사진, 그림,지도, 만화 등이 있는데 이것은 청중의 시선을 집중시키고 주제에 대한 관심을 유발시키는 데 매우 효과적이다. 이런 기법들은 사전에 세심한 준비가 필요하다.

② 인용에 의한 기법은 서두에서 위인이나 영웅에게 얽힌 일화, 속담, 고사성어, 민담, 설화, 문화적 작품, 유머 등을 인용하면서 스피치를 시작하는 기법이다.

③ 주변상황 코멘트 기법은 현재 상황 또는 주변 상황에 대한 가벼운 이야기를 하면서 스피치를 시작하는 기법이다. 이를테면 현 시국이나 정국, 스피치를 하는 당일 일어난 일, 스피치를 하는 장소, 청중의 구성, 청중의 표정, 날씨, 시간, 계절, 스피치를 하게 된 사연 등이 모두 코멘트의 대상이 된다. 경우에 따라 청중을 칭찬할 수도 있다.

④ 청중 동원 기법은 청중의 직접적 또는 간접적 참여를 유도함으로써 청중과 함께 서두를 풀어 나가는 기법이다. 연사는 질문을 던짐으로써 청중들로 하여금 더불어 생각할 수 있도록 분위기를 만든다. 질문기법은 여러 가지 목적을 위해 다양한 방법으로 사용될 수 있으나 어느 정도 테크닉이 요구된다. 청중의 적극적인 참여보다 연사 자신에게 관

심을 보여주길 바라는 경우에는 답이 분명히 정해져 있는 '그렇지 않습니까?' 하는 수사 의문문이나 단정적 질문을 사용하는 것이 좋으며, 청중의 적극적 참여가 필요한 경우에는 퀴즈식 질문이나 의견 개진을 요구하는 질문을 하는 것이 좋다.

⑤ 연사의 신변 잡담 기법은 자신의 경험, 즉 자신이 보고 겪었던 일이나 경험담을 이야기식으로 풀어 나가면서 서서히 스피치 주제를 도입하는 기법이다. 그리고 서두 없는 서론 기법이란 주제를 바로 소개하거나 핵심명제를 언급하는 기법을 말한다. 주어진 스피치 시간이 짧아서 서두에 불필요한 시간을 할애하고 싶지 않으나 청중이 높은 관심을 가지고 스피치에 집중할 것이 확실시되는 상황에서 사용한다.

다) 서론 준비 시 유의사항
① 서론이 길어지면 청중들은 서서히 지루함을 느끼게 되고 연사 자신은 보다 중요한 내용, 즉 본론을 얘기할 시간을 잃게 되므로 서론은 가능한 한 짧게 하는 것이 바람직하다. 그리고 지나친 논쟁적 소재는 사용하지 않도록 주의한다.

② 서두를 따로 개발하려고 애쓰지 말고 핵심명제나 주요 아이디어 또는 세부 내용을 개발하기 위해 자료를 준비하는 과정에서 좋은 서두 자료가 있으면 미리 챙겨 두는 것이 좋다.

나. 결론의 개발
결론은 스피치 본체의 실행이 끝난 후 핵심 아이디어를 재강조하고 연사가 궁극적으로 내세우고자 하는 주장을 제시하는 부분이다. 마무리하는 말인 결론은 청중에게 가장 오랫동안 기억될 뿐 아니라 스피치 전체의 뒷맛을 느끼게 한다. 결론 단계에서는 전체 내용 중 중심 내용을 요약하여 재인식시킴으로써 스피치의 효과를 극대화시켜야 한다. 학교 강의에 있어서는 결론 단계가 일종의 끝맺음에 불과하지만 스피치에 있어서는 결론 단계가 클라이맥스에 해당되므로 매우 중요하다.

결론은 일반적으로 전체 스피치의 5% 내외인 것이 보통인데 이제 스피치가 끝나간다는 것을 신호하는 종료 신호, 핵심명제나 주요 아이디어를 재차 강조하는 요점 재강조, 그리고 스피치를 완전히 끝맺는 결언으로 구성된다. 이 세 요소 가운데 종료 신호는 모든 결론에 필수적인 요소지만 경우에 따라서 요점 재강조나 결언 중 하나는 생략해도 무방하다.

① 종료 신호는 결론의 서두에 해당한다. 연설이 언제 끝났는지도 모르게 갑작스럽게 마치는 스피치를 해서는 안 된다. 본론의 논의가 끝나면 약간 템포를 늦추거나 한 호흡을 멈춘 다음 "이제 이 연설을 끝내야 한다는 것이 참으로 아쉽습니다." 또는 "이제 결론을 내릴 단계가 되었습니다." 등의 표현을 사용해 본론이 끝나고 결론이 시작될 것이라는 것을 알려주어야 한다. 그래야만 청중들은 연사의 결론을 받아들일 준비를 하게 되고, 또 머지않아 스피치가 끝날 것이라는 것을 예상할 수 있게 된다.

② 압축된 강조가 필요하다. 주의를 환기시키고 전체 연설을 통해 일관되게 주장해 온 것을 짧은 몇 마디 속에 주제를 압축해서 표현해야 한다. 연사는 스피치 하고자 하는 주제에 대해 오랜 기간 동안 연구해

왔기 때문에 익숙하지만, 청중의 입장에서는 전혀 새로운 이야기일 수도 있기에 연사 자신이 앞에서 무슨 이야기를 했는지 청중이 다시 한 번 생각할 수 있도록 주제를 압축하여 강조하는 것이 좋다.

3. 연사의 태도

스피치 할 때는 안정적이면서도 긴장감 있는 자세를 갖는 것이 중요하다. 연단에 오르면 우선 여유 있는 자세를 갖는 것이 필요하다. 스피치의 기본 태도는 연단 뒤쪽으로 15-30㎝ 정도 떨어진 위치가 좋고 두 발은 어깨너비로 벌린다.

체중은 양발에 균등하게 준 상태에서 허리와 어깨를 곧게 펴고 머리를 똑바로 든다. 힘없이 늘어진 자세로 탁자나 연단에 기대서는 안 된다. 자세는 연사 자신과 청중 그리고 스피치 내용과 그 상황에 맞도록 응용하고 변형시켜야 한다. 시작부터 끝까지 기본자세로 일관하는 것보다 때로 체중을 한쪽 발에 더 많이 두거나 한 발을 약간 앞으로 내딛는 것이 좋다. 자세의 불편함을 해소하기 위해 자세를 바꾸는 경우에는 어느 정도 변형된 자세로 스피치를 하다가 다시 기본자세로 복귀해야 한다.

1) 몸가짐과 제스처

몸가짐과 제스처는 스피치의 양념이 된다. 스피치 내용에 들어 있지 않은 여러 가지 의미를 전달할 뿐 아니라 스피치의 흐름에 다양한 변화를 주기 때문이다.

제스처란 표현하고자 하는 생각을 보충하거나 설명하기 위해서 머리, 어깨, 팔, 손, 다리 기타 신체 부분을 의도적으로 움직이는 것을 말한다. 옷이나 메모지를 만지작거리거나 머리카락 장난을 하는 것은 의미 있는 제스처가 아니다. 이런 행동들은 커뮤니케이션을 방해할 뿐이다.

스피치를 효과적으로 하기 위한 제스처는 연습을 통해 향상시킬 수 있다. 이야기의 서두에는 왼손과 왼팔을 사용하여 하나의 이야기를 효과적으로 전달하고, 다른 이야기로 바뀔 때는 오른손과 오른팔을 사용한다. 또 다른 화제로 바뀔 때는 오른쪽과 왼쪽을 균등하게 사용한다. 이렇게 함으로써 내용의 변화를 알려주고, 또 청중에게 시선을 균등하게 주어 그들과 호흡을 같이 할 수 있다.

다섯째로, 제스처를 공간 분할하여 내용의 변화를 조정할 수도 있다. '중간 → 위쪽 → 아래쪽'으로 일정한 순서를 두어 내용의 변화를 표시할 수 있다. 특히 결론 부분에서는 얼굴 전체로 제스처를 하여 행동의 변화를 촉구할 수 있다. 예를 들면 목 부분을 뒤쪽에서 앞쪽으로 이동하면서 행동의 변화를 촉구하면 청중에게 강한 이미지를 심어 준다.

몸짓언어의 중요성

스피치라고 하면 흔히 말을 떠올리게 되지만 스피치는 말로만 실행하는 것이 아니다. 말과 함께 자연스런 몸동작이 따라주어야 전달되는 내용도 빛을 발하게 되는 것이다.

흔히 보디랭귀지(body language)라 부르는 몸짓언어는 스피치를 실행

할 때 여러 가지 중요한 역할을 수행한다.

첫째, 몸짓언어는 말을 통하여 전달되는 내용이 어떻게 해석되어야 하는가에 대한 힌트를 제공한다. 당당한 자세와 확신에 찬 표정으로 어떤 이야기를 하면 "이것은 분명한 사실이니 반드시 믿어야 한다."는 의미를 전달하지만, 청중을 바로 쳐다보지 못하고 굳은 표정으로 이야기하면 연사 자신도 자기가 하는 말에 확신이 서 있지 않으니 알아서 해석하라는 의미를 전달한다.

둘째, 몸짓언어는 연사의 감정상태를 노출한다. 잦은 움직임, 굳은 표정, 방황하는 눈빛, 그리고 둘 곳을 몰라 이곳저곳을 옮겨 다니는 손은 연사가 불안해하고 있다는 사실을 보여 준다. 반면에 굳건한 자세와 밝은 표정, 그리고 긴 응시와 명확한 제스처는 연사가 자신에 차 있음을 보여 준다.

셋째, 몸짓언어는 말을 통하여 전달되는 메시지를 보완하는 역할을 한다. 말의 내용을 강조할 필요가 있거나 그 뜻을 더 분명하게 할 필요가 있거나 메시지를 반복할 필요가 있을 때는 목소리의 조절만으로는 충분하지 않다. 이때는 목소리의 변화 이외에도 적절한 몸 움직임과 제스처를 사용하여야 한다.

이처럼 스피치에서 사용되는 몸짓언어는 여러 가지 중요한 역할을 수행한다. 따라서 몸짓언어는 적절히 구사하면 스피치의 효과를 배가 시킬 수 있지만, 반대로 잘못 사용하는 경우에는 그 효과를 떨어뜨릴 수 있다. 스피치를 실행할 때 유의해야 할 중요한 몸짓언어에는 자세(posture), 몸 움직임(body movement), 눈 움직임(eye-contact), 얼굴표정(facial expression), 제스처(gestures), 그리고 외양(appearance) 등이 있다. 그러면 이 몸짓언어의 각 요소를 어떻게 관리하는 것이 효과적인지를 알아보기로 하자.

자세

연사의 자세는 그의 정신적 준비상태(alertness)와 침착성(poise)을 반영한다. 자세가 바르고 굳건하면 그가 정신적으로 잘 준비되어 있으며 침착하다는 것을 보여 주지만, 자세가 한쪽으로 기울어져 있거나 뒤로 비딱하게 기대고 있는 경우에는 정신적으로 해이한 상태에 놓여 있음을 반영하는 것이다. 한편 정신적 준비상태를 돋보이게 하기 위해 너무 꼿꼿이 서게 되면 연사 자신도 불편하거니와 보는 이의 마음도 불안해진다.

따라서 바르고 굳건한 자세를 유지하면서도 가능한 한 편안하게 서야 한다. 한 마디로 스피치를 하는 자세는 편안하면서도 정신을 바짝 차리고 있다는 인상을 주어야 한다.

가) 기본자세

스피치를 하는 기본자세는 두 발을 어깨너비로 벌리고 체중을 양발에 균등히 준 상태에서 허리와 어깨를 곧게 펴고 머리를 똑바로 든 자세이다. 이때 몸에 너무 힘을 주면 자세가 경직되어 불편해진다. 따라서 이런 바른 자세는 흐트러뜨리지 않되 가능한 한 편안하게 서야 한다. 몸 무게를 한쪽 발에만 싣고 비딱하게 서는 자세, 체중을 발가락이나 발뒤꿈치에 실어 앞이나 뒤로 기울어진 자세, 그리고 두 손으로 탁자를 짚으면서 앞으로 수그리는 자세는 피하여야 한다.

나) 자세의 적응

스피치의 시작부터 끝까지 기본자세로 일관하기는 무척 힘들다. 오랫동안 같은 자세를 유지하면 육체적인 불편함을 느끼기도 하고 단조로움을 느끼게 되기도 하기 때문이다. 따라서 간간이 자세를 바꾸는 것은 가능한 일이다. 때로는 체중을 한쪽 발에 더 많이 실어 둘 수도 있으며 한 발을 약간 앞으로 내딛어도 좋다.

그러나 이러한 적응 자세는 기본자세에서 너무 크게 벗어나지 않아야 하고 기본자세에서 벗어난 자세를 오랫동안 지속하는 것도 좋지 않다.

그렇다고 해서 새로운 자세를 바꾸자마자 다시 원자세로 돌아오는 것은 몸이 불안정하게 흔들리는 느낌을 주기 때문에 더더욱 좋지 않다. 따라서 불편함을 해소하기 위해 자세를 바꾼 경우에는 불편함이 어느 정도 없어진 후에, 그리고 단조로움을 깨뜨리기 위해 자세를 바꾼 경우에는 변화의 즐거움을 어느 정도 느낀 후에 다시 기본자세로 복귀하여야 한다.

자세의 적응을 빠르게 그리고 반복적으로 실시하는 것은 반드시 피해야 한다. 몸무게를 계속 이쪽저쪽으로 옮기거나 상체 또는 엉덩이를 좌우로 흔들거나 상체를 앞뒤로 흔들거나 한쪽 다리를 좌우로 흔들게 되면 청중은 눈이 혼란스러워 짜증을 느끼게 된다.

다) 팔과 손의 처리

스피치 자세를 취할 때 가장 처리하기 힘든 것이 팔과 손이다. 경험이 부족한 연사들은 팔을 어떻게 처리할지 몰라 이렇게도 놓아 보고 그것도 아니다 싶으면 또 다르게도 놓아 보면서 많은 신경을 쓰지만 역시 자연스럽게 처리되지 않는다.

팔의 처리가 힘든 이유는 팔에 지나치게 신경을 많이 쓰기 때문이다. 스피치를 할 때도 대화를 할 때처럼 팔이 스스로 움직이게 내버려 두는 것이 최상이다.

팔을 처리하는 기본 원칙은 필요할 때 쉽게 움직일 수 있도록 가볍게 처리해 두는 것이다. 두 팔을 모두 가볍게 내리뻗거나, 한 팔은 내리뻗고 다른 팔은 탁자 위에 가볍게 올려 두어도 좋다. 아니면 두 손을 가볍게 모아 아랫배 위에 올려 두거나 가슴 앞에 모아 둘 수도 있다. 정 불편한 경우에는 한 손은 호주머니 속에 넣어 두고 다른 손은 가볍게 내려 뻗거나 탁자 위에 살짝 올려 두면 된다. 개요서를 작은 카드에 준비한 경우에는 이것을 한 손에 쥐고 그 손을 가슴 부근으로 끌어올려 두면 다른 손은 자유로이 내버려 두어도 좋다.

팔은 제스처를 만들어내는 중요한 기구이므로 이동이 어려운 자세는 좋지 않다. 두 손을 쭉 뻗어 교탁을 내리누르거나, 두 손을 깍지 끼어 아랫배 앞에 두거나, 팔짱을 끼거나, 뒷짐을 지거나, 두 손을 모아 호주머니 속에 넣으면 보기도 좋지 않거니와 필요할 때 쉽게 움직일 수가 없다.

몸 움직임

몸을 고정시켜 둔 상태에서 스피치를 한다는 것은 불가능하기도 하거니와 바람직하지도 않다. 움직임은 청중의 시선을 모아 주기 때문에 때로는 고의적으로 움직일 필요가 있다.

스피치를 할 때의 몸 움직임은 굵으면서도 단호하고 편안하면서도 절도가 있어야 한다. 작고 부단한 움직임은 청중들의 시선을 분산시키며, 불안한 움직임이나 위축된 움직임은 연사가 자신이 없다는 것을 반영하는 것이다.

가) 단상 접근 행위

연사의 몸 움직임은 단상을 통하여 걸어 나가는 데서부터 시작된다. 자신감이 결여된 연사는 허리를 숙이고 엉덩이를 뺀 자세에서 땅을 보고 걸어 나가서는 탁자 앞에 서자마자 청중을 볼 생각도 않고 스피치를 시작한다.

이러한 단상 접근 행위는 스피치를 시작하기도 전에 망쳐 버리는 결과를 낳는다. 설사 자신이 스피치에 자신이 없다 하더라도 허리를 곧게 펴고 당당하게 걸어 나가 단상에 서야 한다. 그런 후에는 청중을 한 번쭉 훑어보고 천천히 스피치를 시작하여야 한다.

나) 진행 중 몸의 이동

스피치를 진행할 때 몸과 팔을 전혀 움직이지 않고 목소리로만 내용을 전달하게 되면 매우 부자연스럽고 딱딱한 느낌을 준다. 따라서 당당하고 굳건한 자세로 스피치를 하되 목소리에 맞추어 몸과 팔이 자연스럽게 움직여야 한다. 그러나 중요한 것은 필요한 만큼만 몸을 움직여야 한다는 것이다. 몸을 지나치게 흔들거나 불필요하게 왔다갔다하는 행동은 좋지 않다. 특히 별다른 이유없이 단상을 이곳저곳 옮겨 다니는 것은 삼가해야 한다. 그것은 청중이 연사를 보기 위해 계속 몸을 틀거나 고개를 돌려야 하기 때문에 성가심을 느끼게 되고 특히 앞자리에 앉은 사람들은 스피치에 집중할 수 없게 된다.

다) 퇴장

스피치는 결언에서 끝나는 것이 아니라 연사가 완전히 퇴장해야 끝나는 것이다. 바꾸어 말하면 퇴장하는 것도 스피치의 일부분인 것이다. 따라서 좋은 스피치를 하려면 퇴장할 때의 몸 움직임에도 신경을 써야 한다. 단상을 접근할 때와 마찬가지로 당당하고 절도 있게 퇴장하되, 중요한 사명을 성공적으로 완수하였다는 보람찬 표정을 지어야 한다.

스피치를 잘 해내지 못했다는 것을 자인하는 듯 쑥스런 표정으로 퇴장하거나 고개를 숙이면서 퇴장하는 것은 좋지 않다.

라) 피해야 할 움직임

모든 움직임에는 목적이 있어야 한다. 특별한 목적을 갖지 않은 무의미한 움직임은 청중의 시선을 분산시키고 그들의 집중력을 흩트려 놓는다. 이런 무의미한 동작들은 무의식적으로 나오는 것이 보통인데 가능한 한 의식적인 노력을 통해서라도 이런 동작들이 나오는 것을 막아야 한다. 연사들이 스피치 중에 만들어 낼 수 있는 좋지 못한 행위들은 다음과 같다.

① 몸을 좌우로 또는 앞뒤로 자꾸 흔들어대는 행위
② 다리의 무게중심을 이쪽저쪽으로 자꾸 옮기는 행위
③ 단추나 옷 또는 넥타이를 만지작거리는 행위

④ 귀를 잡거나, 이마를 문지르거나, 턱을 만지작거리거나, 머리를 쓰
  다듬는 행위

⑤ 머리칼을 뒤로 보내기 위해 고개를 급작스럽게 젖히는 행위

⑥ 손가락으로 탁자를 탁탁 두드리거나 손바닥으로 탁자의 가장자리
  를 문지르는 행위

⑦ 카드를 만지작거리거나 호주머니 속의 물건을 만지작거리는 행위

⑧ 호주머니에 손을 넣었다 뺐다 하는 행위

⑨ 손을 비벼대는 행위

⑩ 팔찌나 시계 등 장신구를 만지작거리는 행위

⑪ 팔소매를 걷어 올리는 행위

시선

가) 응시의 중요성과 기본 원칙

흔히 눈을 마음의 창이라 한다. 즉 눈은 그 사람의 심리상태를 잘 반영한다는 것이다. 스피치를 할 때 청중을 마주 바라보지 못하고 왼쪽이나 오른쪽 또는 위를 쳐다보는 것은 심리적으로 위축되어 있다는 것을 반영한다. 그렇게 되면 청중은 연사가 상황을 장악하지 못하고 있다는 것을 눈치 채게 되며 그만큼 공신력이 떨어진다. 따라서 스피치를 효과적으로 실행하기 위해서는 청중을 정면으로 쳐다봐야 한다.

어떤 연사는 고개만 정면을 향하고 눈동자는 돌려서 엉뚱한 쪽을 비스듬히 쳐다보거나 천장을 올려다보기도 하는데 이것은 좋지 않은 습관이다.

가장 바람직한 것은 청중 개개인의 눈을 자연스럽고 따뜻하게 쳐다

보면서 스피치를 하는 것이다. 따뜻한 응시는 서로 간에 교감을 형성하여 주기 때문에 스피치의 효과를 배가시킬 수 있다. 응시가 지나치게 강렬하거나 한 사람만을 뚫어지게 쳐다보는 것은 좋지 않다.

상대가 부담을 느껴 눈길을 돌리게 되고 이런 모습을 보게 되면 연사 자신도 어색함을 느끼게 된다. 따라서 천천히 시선을 옮기면서 한 사람 한 사람을 차례로 응시하는 것이 좋다. 청중을 골고루 응시하라는 의미를 잘못 받아들여 어떤 연사는 빠른 속도로 고개를 이쪽저쪽으로 돌리는데 이것은 매우 효과적이지 못하다.

나) 응시에 부담을 느낄 때

청중의 눈을 정면으로 응시한다는 것은 숙달된 연사에게 있어서도 결코 쉬운 일이 아니다. 우리나라 사람들은 서양 사람들과는 달리 아주 친한 사이가 아니면 깊은 응시를 하지 않는다. 이러한 전통 때문에 우리나라 연사들은 청중을 바로 쳐다보는 것을 부담스럽게 생각한다. 자신은 다른 사람과 달리 청중의 눈을 바로 쳐다볼 수 있다고 생각한다면 앞에서 이야기한 대로 자연스럽고 따뜻하게 청중을 응시하는 것이 좋다. 그러나 이것이 부담스럽게 느껴진다면 억지로 이렇게 하려고 노력하는 것보다는 다른 방법을 찾는 것이 좋다. 억지로 눈을 맞추려 노력하다 보면 어색한 기분이 들어 스피치의 진행에 차질이 생길 수도 있기 때문이다.

대화를 할 때 상대방의 눈을 쳐다보는 것이 부담스러우면 그 사람의 콧등을 쳐다보라는 말이 있다. 스피치를 할 때도 이와 유사한 방법으로 응시의 부담감을 해결할 수 있다. 즉 청중들의 머리 바로 윗부분을 쳐다보는 방법이다. 스피치는 대개 위에서 내려다보고 하기 때문에 청중의 머리끝 부분을 쳐다보면 청중들은 연사가 자신들을 정면으로 보고 있는 것처럼 느끼게 된다.

또 모든 청중을 골고루 쳐다보는 것이 부담스러우면 한쪽 청중을 다른 쪽 청중보다 더 자주 쳐다보아도 좋다. 특히 자신의 스피치에 호의적인 반응을 보이는 쪽이 있어서 그쪽을 쳐다보는 것이 더 편안하게 느껴진다면 그쪽을 더 자주 쳐다보아도 좋다. 그러나 이런 방법을 쓸 때는 그쪽 사람들과 개인적인 대화를 하는 것처럼 보이지 않도록 유의하여야 한다.

응시가 부담스럽다고 고개를 다른 방향으로 돌리거나 고개는 정면을 향하되 눈을 다른 방향으로 들리는 것은 좋지 않다. 고개와 눈은 언제나 청중 쪽을 향해야 한다.

이런 원칙을 지킨 상태에서 청중의 머리 끝 부분을 쳐다보거나 자신이 편안하게 생각하는 청중들을 응시하면 된다.

표정

얼굴 표정은 연사의 감정 상태와 태도를 드러낸다. 경직된 얼굴 표정은 연사가 매우 긴장해 있다는 것을, 벌게진 얼굴은 불안에 떨고 있다는 것을, 그리고 찡그린 얼굴은 매우 초조해 하고 있음을 반영한다. 긴장, 불안, 초조 등의 감정에 휩싸여 있다는 것이 청중에게 알려져서 좋을 것은 하나도 없다. 따라서 스피치에 임할 때는 표정을 관리하는 데 특별히 신경을 써야 한다.

스피치를 시작할 때 가장 이상적인 표정은 정색을 하면서도 약간의 미소를 띤 표정이다. 정색을 한다는 것은 정신을 바짝 차리고 있다는 것을 보여 주며 미소를 띤다는 것은 여유를 가지고 있음을 반영한다.

정색을 하는 것은 비교적 쉬운 일이지만 미소를 짓는 것은 결코 쉽지 않다. 그러나 의식적인 노력을 통해서라도 미소를 짓는 것이 좋다. 미소는 사람들에게도 여유를 주지만 연사 자신의 기분도 좋게 만든다. 불안하고 초조하더라도 억지로 미소를 짓고 나면 한결 마음이 편안해진다.

얼굴 표정은 내용의 변화에 따라 적절히 바꾸어야 한다. 즐거운 이야기를 할 때는 즐거운 표정을, 진지한 이야기를 할 때는 진지한 표정을 지어야 한다. 그러나 화난 표정이나 지나치게 흥분된 표정은 피하는 것이 좋다. 이러한 표정들은 연사가 자신의 감정을 적절히 통제할 수 없다는 사실을 반영하기 때문에 공신력에 영향을 미친다.

또한 스피치를 하다가 실수를 했다고 해서 쑥스러운 표정이나 머쓱한 표정을 짓는 것은 좋지 않다. 실수를 하더라도 예사로운 표정으로 지나쳐야만 그 실수가 필요 이상으로 확대 해석되지 않는다.

제스처

스피치를 할 때에는 목소리의 변화에 따라 그에 적절한 제스처가 이루어져야 한다. 제스처는 말을 통하여 전달되는 메시지의 의미를 명확하게 해주며, 특정한 단어나 구절을 강조하는 기능을 하고, 청중의 시선을 모으는 역할을 한다.

가) 제스처의 기본 원리

스피치를 하는 사람이면 누구나 다 제스처가 중요하다는 것을 알고 있다. 그래서 스피치를 실행할 때는 의식적으로 제스처를 하려고 노력한다. 그러나 제스처에 대해 지나치게 많은 신경을 쓰다 보면 과장되거나 어색한 제스처가 나오게 된다.

제스처는 다른 몸짓언어와 마찬가지로 자연스러움을 그 생명으로 한다. 일상적인 대화를 할 때처럼 제스처가 말의 일부라고 느껴질 만큼 자연스러워야 한다. 제스처가 말과 동떨어져 따로 놀거나, 스피치로부터 분리된 별개의 동작처럼 느껴져서는 안 된다.

제스처가 자연스러워지려면 손이 무의식적으로 움직여져야 한다. 그러기 위해서는 기본자세를 취할 때 손을 자유로이 풀어 놓아야 한다. 깍지를 끼거나 탁자를 누르고 있거나 호주머니 속에 넣어 두면 손이 자유로이 움직일 수 없다. 손을 자유롭게 풀어 놓은 상태에서 스피치의 진행에 맞게 몸을 움직이다 보면 자연스런 제스처가 나오게 된다.

나) 제스처의 기법

① 제스처는 팔 전체로 하라

제스처는 말에 강세를 주고 청중의 시선을 모으기 위해서 하는 것이다. 따라서 제스처는 역동적일수록 더 효과적이다. 제스처를 역동적으로 하기 위해서는 어깨에서 손에 이르기까지 팔 전체를 유기적으로 움직여야 한다. 손만 조금씩 움직이거나, 어깨를 고정시킨 상태에서 팔꿈치 아래만 움직이는 제스처는 좋지 않다. 손이 위로 올라가면 팔꿈치도 따라 올라가야 하고 어깨도 약간 들려야 하며, 손이 열리면 팔꿈치와 어깨도 바깥에서 따라 움직여야 한다.

② 크고 분명하게 하라

제스처는 대화를 할 때처럼 자연스럽게 이루어져야 한다. 그러나 스피치는 대화할 때보다 더 많은 청중을 대상으로 하기 때문에 청중과 연사와의 거리도 대화할 때보다는 멀어지는 것이 보통이다. 따라서 제스처도 이에 맞추어 크고 분명해져야 한다. 크게 하라는 것은 손과 팔의 움직임을 보다 확대하라는 말이며, 분명하게 하라는 것은 한 움직임의 시작과 끝을 명확히 하라는 말이다. 제스처가 크고 분명하면 연사가 정열적으로 스피치에 임하고 있다는 인상을 주기 때문에 스피치가 설득력을 갖게 된다.

그렇다고 제스처를 과장되게 크게 하는 것은 좋지 않다. 일반적으로 제스처는 머리 위나 허리 아래로 내려가지 않는 것이 좋고, 좌우로는 양 어깨로부터 30cm 이상 벗어나지 않는 것이 좋다. 연사의 손이 이 선을 넘어가면 그 손을 쫓는 청중의 시선이 연사의 얼굴로부터 벗어나게 된다. 제스처는 청중의 시선을 집중시키기 위해 하는 것이지 청중의 시선을 혼란시키고자 하는 것이 아니다. 따라서 청중이 눈길을 돌려야 집중할 수 있는 제스처는 피하는 것이 좋다.

③ 제스처는 언제나 완성시켜라

한 번 팔을 움직여 제스처를 하기 시작했으면 반드시 그것을 끝내야 한다. 그렇지 않고 제스처를 하려다가 어색해서 주춤거리게 되면 자신감이 없다는 것을 드러내는 결과를 낳는다. 스피치를 할 때는 정열과 박력을 보여 주어야 할 뿐 아니라 자신감에 차 있다는 것을 보여 주어야 한다. 그래야 청중이 연사의 말 속으로 이끌려 들어오기 때문이다. 그러기 위해서는 한번 마음먹고 움직인 팔이라면 의도했던 제스처가 확실히 끝날 때까지 자신감 있게 움직여 주어야 한다.

④ 제스처의 크기와 빈도는 상황에 따라 달라져야 한다

흔히 스피치를 할 때에는 제스처를 자주 그리고 크게 하라고 말한다. 그러나 이 말은 제스처가 절대적으로 잦고 커야 한다는 것이므로 잘못된 설명이다. 제스처의 크기와 빈도는 스피치의 성격과 청중의 크기 및 배치에 따라 달라져야 한다. 어떤 스피치는 성격상 역동적이고 정열적인 발표를 필요로 한다. 이를 테면, 정치 연설이나 대고객 프레젠테이션 또는 강연 등이 이러한 스피치에 속한다. 이런 스피치를 할 때는 제스처가 크고 잦아야 한다. 그러나 권위가 높은 청중을 상대로 아이디어를 제시하는 스피치를 하거나 연구결과를 보고하는 스피치를 할 때, 또는 회의 중에 잠깐 발표를 하는 경우에는 정열적인 스피치보다 차분한 스피치가 더 효율적이다. 이럴 때는 제스처의 폭도 줄여야 하며 너무 자주할 필요도 없다. 제스처의 폭과 빈도는 청중의 수에 따라 적절하여야 한다. 제스처는 청중의 시선을 끌고 말에 강세를 주기 위한 것인 만큼 청중의 규모가 큰 경우에는 먼 곳에서도 볼 수 있도록 크게 하며 또 자주 하는 것이 좋다.

⑤ 말과 타이밍을 맞추라

스피치의 제스처는 말의 의미를 분명하게 하고 말에 강세를 주는 역할을 한다. 따라서 제스처는 말과 타이밍이 맞아야 한다. 말과 따로 노는 손 움직임이나 말보다 한 발 늦게 나오는 제스처, 그리고 말보다 먼저 나오는 제스처는 효과도 없을 뿐더러 스피치를 어색하게 만든다. 제스처를 해야 한다는 강박관념 때문에 억지로 제스처를 하게 되면 손 움직임이 말과 따로 놀게 된다. 또 흥분한 나머지 지나치게 힘을 넣어 크게 제스처를 하려고 하면 말이 끝난 후에야 팔이 정점에 달하게 된다. 따라서 제스처를 위한 제스처 그리고 지나치게 힘이 들어간 제스처는 피하여야 한다.

⑥ 내용의 흐름에 맞추어 변화를 추구하라

스피치를 할 때 목소리가 단조로워서도 안 되지만 제스처 역시 단조로워서는 안 된다. 처음부터 끝까지 같은 크기의 제스처를 하거나 같은 모양의 제스처를 하게 되면 스피치까지도 단조롭게 느껴진다. 박력 있고 정열적인 스피치를 하려는 마음에서 계속 강렬한 제스처를 해대면 청중이 이에 면역되어 얼마 후에는 큰 제스처에도 별다른 느낌을 받지 못한다.

내용의 흐름에 맞추어 강조해야 할 부분에서는 크게, 그렇지 않은 부분에서는 작게 제스처를 함으로써 변화를 추구해야 한다.

⑦ 손과 팔을 다양한 각도로 움직이라

특별히 필요해서 일부러 취하는 제스처를 제외한 일반적인 제스처는 손은 살짝 주먹을 쥐거나 활짝 펴는 것이 좋다. 손가락과 손바닥을 축구공을 든 정도로 약간 구부린 상태에서 여러 가지 제스처를 하되, 내용의 흐름에 맞추어 손바닥과 지면의 각도 그리고 손바닥과 정면의 각도를 다양하게 바꾸어 주는 것이 좋다. 때로는 지면과 70도 정도의 각도를 두고, 때로는 천장과 70도 정도의 각도를 두며, 때로는 곧바로 지면을 향하도록 하고, 때로는 두 손바닥이 서로 마주 보도록 해야 한다. 손과 팔을 올리고 내리는 각도와 앞으로 밀어내고 몸 쪽으로 끌어당기는 각도로 내용의 흐름에 따라서 다양하게 변화시켜야 한다. 한 마디로

손의 움직임이 단조롭게 반복되는 것은 좋지 않고 다양한 각도로 움직이는 것이 좋다는 것이다.

⑧ 외양

연사의 외양은 그의 공신력에 많은 영향을 미친다. 연사가 깔끔한 복장에 가지런한 모습으로 나타나면 청중은 그를 신중하고 준비가 잘된 사람으로 평가하지만, 허술한 복장에 너저분한 모습으로 나타나면 그를 경솔하고 제대로 준비가 안 된 사람이라 생각한다.

따라서 스피치를 할 때에는 용모를 단정히 하고 복장을 가지런히 한 상태에서 임해야 한다.

용모는 어디서 어떤 스피치를 하더라도 한결같이 깨끗해야 하지만 복장은 상황에 맞추어 적절히 골라 입어야 한다. 정중함을 보일 필요가 있을 때는 정장을 해야 한다. 그러나 소탈함을 보이겠다고 지나치게 캐주얼한 복장을 하는 것은 좋지 않다. 소탈함 보여야 할 때도 '단정해야 한다'는 원칙을 벗어나선 안 된다.

4. 연사의 음성

스피치 실행의 기본이 되는 것은 목소리이다. 따라서 목소리가 좋아야 효과적인 스피치를 실행할 수 있다. 다시 말하면 스피치에 있어서 목소리는 연사의 이미지를 결정짓는 중요한 요소가 되며, 나아가 스피치의 효과에도 큰 영향을 미친다.

목소리가 좋아야 한다는 것은 선천적으로 목소리가 좋아야 한다는 말은 아니다. 선천적인 목소리와 상관없이 스피치에 적절한 목소리가 있다. 적절한 목소리는 훈련으로 얻을 수 있다.

1) 목의 보호

자신의 아이디어를 잘 전달하려면 우선 목소리와 발음이 분명해야 한다. 또한 목소리는 단순히 아이디어만을 전달하는 것이 아니라, 연사 자신의 감정이나 태도 등이 담기는 그릇이기 때문에 좋은 목소리를 갖기 위한 훈련을 꾸준히 해야 한다.

스피치를 하는 사람들에게 있어서 목은 생명과도 같다. 아나운서나 가수 등 목으로 업을 삼는 사람들은 더군다나 생생하고 낭낭하고 건강한 성대를 유지하기 위해서 따로 관리하지 않으면 안 된다. 목소리의 6요소는 ①빠르기, ②크기, ③높이, ④길이, ⑤쉬기 그리고 ⑥힘주기이다. 스피치를 할 때는 이 6요소를 적절히 조절하여 구사할 줄 알아야 한다.

2) 좋은 목소리를 내기 위한 훈련의 준비

목소리는 타고나는 것이므로 쉽게 고칠 수 없다고 생각할 수 있다. 그러나 훈련에 의해 30-50% 정도는 교정이 가능하다. 목소리 훈련을 쉽게 할 수 있는 방법은 여러 가지가 있지만 거울을 보며 입을 위로 또는 아래로 향하는 발성 연습을 매일 5-10분 정도 꾸준히 하는 것도 효과적인 방법 중 하나다.

또한 좋은 목소리를 갖기 위해서는 우선 자기 목소리가 어떤지를 알아야 한다. 자기 자신이 듣는 음성과 타인이 듣는 음성은 다르다. 녹음해서 들어 보고 결점이 발견되면 원인을 밝혀 교정하도록 한다. 참고로 마이크로 전달되는 자신의 목소리를 알고 싶으면 두 손으로 두 귀를 안으로 접은 다음 자신의 목소리를 들어 보면 된다. 마이크로 전달되는 음성과 거의 흡사하다. 가수들이 자신의 귀에 손을 대고 노래를 부르는 것을 간혹 볼 수 있는데 멋으로 그렇게 하는 것이 아니라 자신의 목소리를 감지하기 위해서이다.

특히 중요한 연설이 있거나, 강의를 연일 계속할 때는 목소리 관리를 잘 해야 한다. 성대 보호를 위해 생달걀이나 홍시, 살구씨 기름을 내어 먹는 등 나름대로의 비법을 동원하기도 하는데 이는 어디까지나 보조수단이지 잠긴 목을 확 풀어 주는 해결책은 아니다.

목을 관리하기 위해서는 평소에 지나친 흡연이나 음주는 피하고, 따뜻한 레몬차를 마시며 성대에 휴식을 주는 것이 좋다. 특히 강의 몇 시간 전에는 맥주나 우유를 마시지 않는 것이 좋다. 맥주는 가스를 발생시켜 트림 등이 나올 우려가 있으며, 우유는 점막이 생겨 입안이 끈적거릴 수 있기 때문이다. 목소리는 자신이 따로 주기적으로 관리하지 않으면 안 된다. 훈련하고 관리하는 만큼 생동감 있고 듣기에 좋은 고운 목소리가 나오기 때문이다.

3) 음성의 분류

확신에 찬 목소리여야 한다.

스피치를 실행하는 목소리는 무엇보다도 확신에 차 있어야 한다. 확신에 찬 목소리로 말 한마디 한마디에 힘을 실음으로써 연사가 하는 말에 청중이 진정으로 믿음을 갖도록 해야 한다.

굳건한 목소리여야 한다.

청중은 자신감에 차 있으면서 굳건한 연사의 목소리에 신뢰감을 갖는다. 선천적으로 약한 목소리를 타고난 사람은 아랫배로 소리를 내는 훈련을 쌓음으로써 목소리를 크고 강하게 만드는 것이 좋다. 항상 몸을 똑바로 세우고 아랫배에 힘을 주거나, 아랫배를 끌어당기면서 소리를 내면 보다 굳건한 소리를 낼 수 있다. 스피치를 할 때는 충분히 호흡을 하고, 성대의 긴장을 푼 상태에서 소리를 내면 좀 더 목소리를 낼 수 있다.

발음이 분명한 목소리여야 한다.

스피치를 할 때는 대화할 때 보다 발음을 분명하게 해야 한다. 그러기 위해서는 평소부터 여유를 가지고 깊은 목소리를 내며, 침착하게 이야기하는 습관을 길러두는 것이 좋다.

4) 목소리 사용의 기본 원칙

자연스럽게 구사하라

평소의 화법에 문제가 없으면 스피치를 할 때도 일상적인 대화에서 처럼 목소리를 자연스럽게 사용하여 청중도 편안한 분위기 속에서 스피치에 열중할 수 있도록 한다.

넓은 장소에서는 맨 뒤까지 들리도록 소리를 크게 내야 하는데, 이 경우에 목이 쉬지 않도록 평소에 연습해 두어야 한다.

변화를 추구하라

스피치를 할 때 가장 유의해야 할 점은 단조로움을 피해야 한다는 것이다. 좋은 스피치를 하기 위해서는 말의 완급, 강약, 고저, 장단, 쉬기, 강조 등에 변화를 주어야 한다.

한 번은 대화식으로 한 번은 강의식으로 또 절정이나 강조하고 싶은 부분은 연설식 등으로 다양한 방식을 사용하여 전달하는 것이 지루함을 피하는 방법이다. 어떻게 보면 스피치의 성패는 좋은 내용을 어떤 방식으로 다양하게 표현하느냐에 달려 있다할 만큼 적당한 변화와 방식이 중요한 역할을 한다.

빠르기

빠르기란 주어진 시간 내에 얼마나 많은 말을 하느냐를 가리킨다. 말의 빠르기를 통해 청중은 연사의 불안감이나 흥분 정도를 파악할 수 있으며 내용의 중요도를 알 수 있다. 말이 빨라지면 스피치의 템포도 덩

달아 빨라지기 때문에 청중이 생각할 겨를을 잃게 되어 집중력이 떨어지고, 반대로 말이 느려지면 분위기가 늘어지게 되어 청중의 생각이 분산되기 쉽다.

따라서 스피치는 적절한 속도를 유지하는 것이 좋다. 그러나 스피치의 빠르기가 한결같을 필요는 없다. 때로는 빠르게, 때로는 느리게 진행하면서 호흡의 완급을 조절하는 것도 좋은 방법이다. 사실 역동적인 스피치를 하려면 내용에 맞게 목소리의 빠르기가 변화무쌍해야 보다 효과적이다.

크기

목소리의 크기는 그 목소리가 얼마나 멀리까지 울려 퍼지느냐를 결정한다. 스피치는 대화보다는 큰 목소리로 실행해야 하지만 목소리 크기의 정도는 청중의 수와 장소, 마이크 사용 여부에 따라 달라진다. 곧 스피치의 목소리는 모든 청중이 충분히 들을 수 있을 정도로 조절하면 된다. 그러나 좋은 스피치를 하려면 순간순간 목소리의 크기를 변화시키면서 청중을 압도해야 한다.

높이

목소리의 높낮이는 소리의 억양을 만들어 낸다. 우리나라 말은 단어를 발음할 때 높낮이의 차이를 두지 않고 장단만을 구분한다. 그러나 문장 전체를 발음할 때는 높낮이를 구분해야 한다. 그렇기 때문에 연극 배우처럼 다소 과장되게 훈련할 필요가 있다.

소리의 높낮이는 대개 여성이 남성보다 높으며 스피치를 하다 보면 시간이 지남에 따라 점점 목소리가 커지는 경향이 있다. 이럴 때는 연사가 자신의 목소리를 잘 조율하여 강조할 때는 크게, 다음으로 넘어갈 때는 조용하게 조절한다. 그리고 높은 소리 다음에는 약간의 간격을 두고 낮은 소리로 넘어가는 등의 변화를 줄 필요가 있다.

길이

목소리의 길이는 한 음절을 얼마나 오래 지속시켜 발음하느냐를 가리킨다. 우리말은 단어를 발음할 때 고저를 구분하지 않고 장단만 구분하기 때문에 긴 소리와 짧은 소리를 정확하게 구분하여 발음해야 한다.

쉬기

쉬기란 목소리를 내지 않고 잠깐 멈추게 되는 시간의 길이를 가리킨다. 한 단어는 붙여서 읽는 것이 보통이지만 단어와 단어 사이, 구와 구 사이, 절과 절 사이, 문장과 문장 사이 그리고 스피치의 각 구성요소들 사이에서는 일정 시간동안 쉬어 주는 것이 듣기에 편안하다.

쉬는 시간은 말의 빠르기와 함께 스피치의 템포를 결정하는 요소이므로 스피치의 속도를 잘 조절하기 위해서는 쉬는 간격을 적절히 조절해야 한다.

힘주기

힘주기(강세)란 특정 음절이나 단어 또는 구를 다른 것들보다 좀 더 힘주어 말하는 것을 가리킨다. 강세를 문장의 어느 위치에서 주느냐 하는 결정은 스피치의 내용상 차지하는 중요도에 따라 판단해야 한다.

5. 대중연설

스피치가 발달한 미국이나 유럽에서는 강연, 연설의 구별이 없고 모두 "스피치" 또는 "퍼블릭 스피킹(public speaking)"이라고 한다. 이것은 강연이나 연설이 모두 한 개인이 대중을 상대하여 이해시키고 설득하기 위해서 말하는 것이므로 조직적인 서술과 정연한 이론이 필요하기 때문이다. 그래서 강연이나 연설 등을 통칭하여 '대중연설'이라고 부른다.

1) 연설과 강연의 차이

연설이나 강연이 모두 여러 사람 앞에서 자기의 주장을 비교적 긴 시간 동안 말하는 형식이라는 점에서는 같다. 그러나 차이점을 두자면 연설은 주로 정치 문제나 정치가와 관계된 내용의 스피치이고 강연은 지식이나 정보 등 지적 이해를 구하려고 행하는 스피치이다. 그리고 그 대상이 나이를 떠나 학생의 입장일 때는 강의라고 한다.

2) 연사의 기본 조건

연사는 우선 말을 잘 해야 한다. 말을 잘한다는 것은 앞에서도 말했듯이 정연한 이론으로 알기 쉽게 이해와 납득을 시키고 공감을 이끌어 내는 것을 말한다. 이 능력을 갖추지 못하면 아무리 훌륭한 주의나 주장을 펼쳐도 청중을 설득시킬 수 없는 것이다.

그래서 연사는 말을 잘 할 수 있는 훈련을 평소 꾸준히 쌓아 나가야 한다. 말을 잘하기 위한 훈련의 기초는 매일 일상생활에서 일대일로 하는 대화이다. 개인과의 대화는 모든 스피치의 기초이며 기본이다. 그러므로 아무 생각 없이 매일 이야기하는 친구, 동료와의 대화를 좀 더 신중히 연구하여 상대를 이해시키고 설득하는 법을 익혀 두어야 한다.

개인을 설득하지 못하면서 대중을 어떻게 설득시킬 수 있겠는가?

풍부한 지식과 경험

연사가 대중 앞에서 말하는 내용은 책임을 질 수 있는 것이어야 한다. 따라서 연사는 그 만한 지식과 정보를 갖추어야 한다.

연사로서 리더십을 발휘하는 지도자적 입장에 서기 위해서는 많은 독서와 매스미디어를 통한 정보를 수집하여야 한다. 평소 이러한 노력이 쌓이면 자연히 식견이 높아지고 예리한 통찰력이 생긴다. 그래야 자기의 주의와 주장이 분명해지는 것이다.

또한 아무리 말하는 훈련을 잘 해왔다 할지라도 내용이 빈약한 연설을 한다면 언제나 삼류에 지나지 않게 된다. 비록 아직은 화술이 서툴다 해도 제시하는 정보가 획기적이고 참신한 내용을 주창한다면 청중은 깊은 관심을 보이게 된다. 청중은 알맹이가 있는 연설을 듣고 싶어 하기 때문이다. 그러므로 연사가 되기 위해서는 많은 지식과 경험을 축적해야 한다.

반대에 대한 대담성

원래 연설이란 것은 같은 주의, 같은 의견을 가진 사람들에게만 하는 것이 아니다. 오히려 반대 의견을 가진 사람들을 설득하고 감동시킬 수 있는 것이 연설의 요체요, 묘미인 것이다.

같은 주제를 가지고 이야기하더라도 청중의 성격과 입장, 직업, 신분에 따라서 그 반응은 다를 수 있다. 그래서 연설하는 연사에게는 연설 도중에 반대 의견을 가진 사람들의 야유나 소란이 있어도 흔들림이 없이 자기의 주장을 펼 수 있는 대담성이 필요하다. 연사가 소심하면 당황하여 마침내는 연설을 망쳐 버리고 중도에 연단에서 내려오는 일이 벌어지기도 한다. 이것은 연사의 신뢰와 위신을 크게 떨어뜨리는 일이 된다. 그러므로 평소에 대담성을 길러서 ① 야유가 나오면 못 들은 체 무시하고 연설을 계속하든지 ② 더 큰 소리로 연설을 강행하든지 ③ 야유에 대한 야유로 공격을 하든지 ④ 가벼운 유머로 야유를 희석시키든지 하여 적진에 뛰어든 장군처럼 용감성을 보여야 한다.

외유내강의 태도

연사는 온순하고 부드럽게 보이는 것이 좋다. 연사가 풍기는 인상이 강해 보이면 청중은 자연히 거부감을 느낀다. 인간은 원래 자기보다 약한 사람에게는 경계심을 갖지 않는 법이다. 그렇다고 해서 연사가 지나치게 겸손하게 행동하면 청중은 그 연사를 무시하게 된다. 그러므로 연사는 외유내강의 자세를 가져야 한다. 정중하고 온화한 인상이지만 정열적이고 대담한 연설을 할 때 청중은 박수를 보내는 것이다.

3) 현대 연설 스피치의 특징

현대에 있어서 연설 스피치의 특징은 개인에게 말을 거는 듯이 한다는 것이다. 대중을 상대로 이야기를 하되 일상 회화용의 화법으로 연설을 하는 것을 말한다.

연설이라고 하면 지금도 웅변을 연상하는 사람들이 많이 있다. 현란한 제스처와 큰 음성으로 미사여구를 사용하여 매혹적으로 이야기하는 것이 연설이라고 생각하는 것이다.

그러나 그것은 아주 오래 전의 연설 방법이었다. 웅변조의 연설은 지나친 억양과 말하는 법칙 때문에 내용이 빈약해지기 쉽고 의미전달이 충분히 되지 않는다. 거기에서 변화된 것이 지금도 간혹 행해지고 있는 소위 딱딱한 연설, 즉 청중에 대한 예의를 중요시하여 연설시 문어적 표현을 많이 사용하고, 화법을 문장식으로 구성하여 딱딱하고 격식을 차린 연설법이다. 그러나 현대인들은 그러한 연설 또한 들으려고 하지 않는다. 연설은 청중을 위해서 하는 것인데 청중이 듣고자 하지 않는다면 그 연설은 연사만을 위한 연설인 것이다.

이렇게 딱딱하고 이해가 어려우며 청중에게 외면당하던 과거의 연설은 현대에 와서 그 단점이 보완되고 변형되었다. 이른바 현대 연설은 알기 쉬운 말로 자연스럽게 말하는 형식이다. 청중의 요구에 의해 그렇게 변화한 것이다.

평상시 누구나 사용하는 알기 쉬운 말을 사용하는 것은 첫째, 연사와 청중 사이의 권위적인 분위기를 해소하고 친근감을 주기 위해서이며 둘째, 청중이 이해하기 쉽게 하기 위해서이다. 또 자연스럽게 하는 것은 연사와 청중 사이의 거리감을 없애고 긴장감을 풀어 주기 위해 필요하다.

그러나 연설이 대중을 상대로 하는 매스커뮤니케이션 즉, 대중 전달인 이상 개인과의 대화와는 다른 점이 있어야 한다. 개인과의 대화는 주로 상대방의 이성에 호소하지만, 연설은 대중의 감성에 호소해야 한다.

이는 30분 내지 1시간 동안 많은 청중의 마음을 사로잡아야 하기 때문이다. 그렇기 때문에 먼저 연사 자신의 열정에 불을 붙여야 하고, 그 분위기를 연설의 열기로 뜨겁게 만들어야 한다. 그래서 현대 연설은 자연스러우나 열정적으로 말해야 한다는 특징이 있다. 연사의 정열이 청중에 반응하기 위하여 연사는 음성에만 치우치지 말고 다음과 같이 연설을 이끌어 나가야 한다.

① 격식은 없으므로 처음부터 흥미와 관심을 끌 수 있는 말을 해야한다.
② 늘 흥미를 잃지 않도록 유머나 구체적인 예화를 많이 사용해야한다.
③ 항상 청중을 잘 관찰하여 그 반응에 따라 화법이나 이야기의 내용을 바꾸어 나가야 한다.

이와 같이 현대 연설의 특징은 격식에 얽매이지 않고 자유스럽게 청중을 위주로 리드하는 것이다. 그러므로 이전의 연설보다 더 많은 자료준비와 스피치의 경험을 필요로 하며 권위와 격식을 버렸기 때문에 순수한 연사의 능력만이 요구되는 것이다.

4) 연설의 내용 구성

연설은 하고 싶은 말을 대중에게 전달하는 행위이다. 그러므로 하고 싶은 말이 무엇인가, 전달하는 방법에는 어떤 것이 있는가를 생각하지 않을 수 없다. 그래서 연사는 반드시 하고 싶은 말 즉, 연설의 주제를 정해야 하며 그리고 나서 '어떻게?'를 연구해야 하는 것이다.

주제를 정할 때 욕심 많은 연사는 거창하게 또는 광범위하게 이야기의 폭을 잡는다. 그러나 그것은 연설 시간 안에 다 설명하기가 어렵고 전달 또한 복잡해지기 쉽다. 그래서 주제는 간단하고 정확한 것으로 정하는 것이 좋다. 연사가 아무리 긴 시간 동안 열변을 토해 놓는다고 해도 다 듣고 나면 결론은 간단한 것이다. 예를 들면, 선거 연설에서는 자기에게 표를 찍어 달라는 이야기이고, 사회 캠페인 강연에서는 거리 질서를 확립하자는 것이고, 환경 단체에서는 환경을 보호하자는 것이지 큰 철학과 진리가 있는 것은 아니기 때문이다.

따라서 하고 싶은 말 즉, 주제를 정할 때는 명쾌한 내용을 정하되, 중요한 것은 어디서 어디까지 이야기할 것인가를 정확히 해 두어야 한다는 것이다. 즉 연사도 멋있게 설명할 수 있고 청중도 쉽게 공감할 수 있도록 설득 포인트를 찾아서 주제를 정해야 한다.

그 다음으로 그 주제를 어떻게 효과적으로 전달하느냐 하는 문제가 남는데, 이것이 연설의 구성법이다. 특별한 경우를 제외하고는 연설은 3단계 구성법, 4단계 구성법, 5단계 구성법으로 나누어 도입, 주제 설명, 마무리라는 형식을 취한다(3단계, 4단계, 5단계 구성법은 《스피치 원고작성법》에 자세히 수록 하였다.). 그러면 여기서 연설의 도입, 설명, 마무리(끝맺음)의 형식을 간단히 알아보자.

도입

연설에서는 이야기의 시작이 잘되면 반은 성공한 것이나 다름이 없다. 그래서 아무리 연설을 잘하는 사람이라 할지라도 이야기의 시작은 많은 연구를 필요로 한다. 연설의 시작이 어려운 것은 첫마디 말의 내용에 의해 청중이 그 연설에 관심과 흥미를 갖느냐 갖지 않느냐가 결정되기 때문이다.

그래서 연설의 도입은 청중이 들을 마음의 준비를 갖추고 연설에 흥미를 갖게 하는 내용으로 말을 시작해야 한다. 가장 좋은 방법을 몇 가지 소개하기로 한다.

① 연설의 내용이 획기적이어서 청중이 관심을 가질 수밖에 없는 내용이면 연설 내용의 주요한 골자를 첫째, 둘째, …… 하는 식으로 미리 알려 준다(이익단체, 조합 주주회의 등에서는 반드시 필요하다.).

② '의표를 찌르는 이야기' 즉, 청중이 깜짝 놀라고 어리둥절한 이야기부터 시작하여 연설과 연결시킨다.

③ 첫마디를 간단한 옛날이야기나 자기의 경험담부터 시작한다. 대부분 개인의 경험담을 듣는 것을 좋아한다.

④ 첫마디를 청중에게 물어 보는 형식의 반문을 한다. 꼭 그 답을 듣기 위해서가 아니고 갑자기 청중을 생각하도록 하여 주의력을 집중시킨다.

⑤ 연설장소에 올 때, 일어났던 일이나 느낀 점 또는 연설장의 특별한 분위기부터 이야기하면 현실감이 있어 청중의 반응은 좋게 나타난다.

⑥ 처음부터 유머나 위트를 섞은 말로 청중을 한바탕 웃기고서 연설을 시작한다.

주제 제시(설명)

연설의 중심이 되는 부분이다. 연설의 결론 즉, 연사가 주장하고 제창하는 뜻을 이끌어 내기 위한 부분이므로 많은 설명이 필요하게 된다. 이 때, 주의할 것은 추상적인 설명은 되도록 피하고 구체적인 것과 실증이 가능한 것 그리고 현실적인 것만 말해야 한다는 것이다. 사용하는 언어는 청중이 흔히 쓰는 말이나 대중의 언어를 사용해야 한다. 전문용어, 외래어, 잘 정리된 문어체식 언어(미사여구) 등을 쓰는 것은 좋지 않다.

또한 말에는 한계가 있어서 말로 표현이 부족한 부분에는 보충 자료가 있어야 한다. 그래서 통계, 숫자, 신문기사, 도표, 실물 모형 등 이해를 도울 수 있는 자료들을 미리 준비하는 것이 바람직하다.

이제 연설의 주제를 설명하는 법에 대하여 알아보기로 하자.

가. 내용에 통일성과 일관성이 있어야 한다.

통일성 : 주제를 설명하기 위해서는 많은 이야기 자료들이 활용된다. 연사의 생각, 다른 사람의 경험, 역사적인 사건, 재미있는 예문이 나열되는데 그 모든 것이 설명하는 목적과 유기적인 관계가 있어야 한다. 그래서 이야기 전체와 부분의 관계, 부분과 부분의 관계로 서로 연결되어 연설의 목적을 위해 통일성이 있어야 한다.

일관성 : '시종일관'이라는 말이 있다. 처음부터 끝까지 주제를 흐트러짐 없이 끌고 가야 한다. 또한 연설에 있어서 설명을 잘하기 위해서는 이야기의 순서에 신경을 써야 하는데 시간에 관한 이야기를 할 때는 시

간의 경과를 순서대로 이야기하며, 설명도 서론, 본론, 결론식으로 이야기의 일관성을 유지하며 연속성을 살려야 한다.

어떤 연사는 한참 이야기하다가 '다시 처음으로 돌아가서······' 하면서 또 다른 이야기를 계속하는데 결국 이야기가 뒤죽박죽이 되어 버린다. 설명의 연속성을 주기 위해서 연사는 가끔씩 현재 이야기하고 있는 부분이 어디까지라고 하는 것을 정리해 줄 필요가 있다. 예를 들어 '지금까지 제가 이야기한 것은······에 관한 이야기였습니다. 그럼, 이제부터는 ······에 대해서 말씀드리려 합니다.' 하고 청중에게 연설 진행 과정의 위치를 말해 주면 이해하기가 훨씬 쉬워진다.

나. 강조점을 나타낸다.

어느 연사는 연설 전체의 내용 하나하나를 계속 강조하면서 연설을 진행한다. 그러면 한 대목을 들을 때마다 참 훌륭한 연설이라고 생각한다. 그러나 그런 연설은 다 듣고 나면 남는 것이 없다. 국을 끓일 때 국물은 없고 전부 건더기만 있으면 국맛을 제대로 낼 수 없는 것처럼 연설에서도 핵심부분, 포인트 부분이 살아나도록 강조하고 그 외의 다른 부분은 연설의 중심 사상을 전달하기 위해 활용하는데서 그쳐야 한다. 모든 내용의 중요성을 강조할 필요는 없다. 그렇지 않으면 그 연설은 설득력을 잃고 평범해질 수밖에 없으며 결론이 미약한 연설이 되고 만다.

강조점을 나타내기 위해서는 좀 더 큰 소리로 말하고 반복해서 두 번 말하든지 다른 표현으로 한 번 더 설명하든지 하여 청중의 마음속에 중요성을 심어 주어야 한다.

다. 끝맺음

연설의 끝맺음은 시작만큼이나 중요하다. 강의나 학술 강연 같은 지적 이해를 돕는 스피치에서는 별로 중요하지 않지만 사람의 감정에 호소하는 연설에서는 끝맺음에 신중한 준비가 필요하다. 긴 시간 동안의 연설을 마감하면서 그 연설의 뜻을 오랫동안 청중의 마음속에 남아 있게 하기 위해서는 훌륭한 끝맺음이 필요한 것이다.

불후의 명작이라고 하는 좋은 영화의 마지막 장면을 생각해 보면 쉽게 알 수 있다. 영화가 끝나 극장에 불이 들어온 것도 모르고 스크린을 응시하고 앉아 있던 경험을 누구나 한 번쯤은 했을 것이다. 그것은 주로 그 영화의 마지막 장면이 감동적일 때이다.

연설에서도 훌륭한 끝맺음은 청중에게 한동안 감동의 여운을 남겨 준다.

① 연설이 결정에 달하여 청중의 분위기가 고조되면 서서히 끝맺음으로 들어가야 한다.

② 끝맺음은 문을 "탁" 닫아 버리듯 명쾌하게 끝내야지 질질 끌면 안 된다.

③ 꼭 기억해야 될 중요한 부분을 다시 한 번 상기시키고 나서 그 핵심을 강조하며 끝낸다.

④ 주제와 관계된 명언, 명시(詩)나 유명한 글(소설, 신문사설)의 한 구절을 인용하며 끝낸다.

미국의 독립전쟁 당시의 독립 운동가 페트릭 헨리(Patrick Henry)의 연설은 이렇게 끝맺고 있다.

'여러분이 바라는 것은 무엇입니까? 무엇을 가지고 싶다는 것입니까? 쇠사슬과 노예의 대가로 얻어지는 고귀한 생명입니까? 달콤한 평화입니까? 단연코 그런 일이 없기를 바랍니다. 나는 다른 사람들이 어떤 길을 택하려는지 알지 못합니다. "다만, 나에게 자유를 달라! 그렇지 않으면 죽음을 달라!"라고 말하겠습니다.'

5) 연설의 형식

문장 연설

연설을 글로 써서 그대로 읽어 가는 연설이다. 이 연설은 청중에게 감동을 준다든지 이해시키거나 설득하기 위해서 혹은 사상 전달을 목적으로 하는 것이 아니다. 이것은 격식을 중요시하고 내용 전달에 주안점을 두는 연설이다. 이런 형식의 연설법을 택하는 경우는 첫째, 내용을 정확하게 전달해야 하는 경우이다. 이런 경우는 실수나 실언을 해서는 안 되기 때문에 용어 하나하나에 신경을 써서 한다. 국가 간의 외교연설, 국회에서의 대정부 질의연설 등이 이 형식을 택하는 것을 볼 수 있다. 둘째는 연설이 자신이 없는 경우이다. 실수나 실언을 해도 관계는 없지만 대중 앞에서 연설하는 것이 부담스러울 때, 천편일률적으로 읽어 가는 것이다. 이러한 문장 연설은 연설의 효과를 기대하기는 어렵다.

원고 연설

우리가 가장 흔하게 접하게 되는 형식의 연설법이다. 원고를 만들 때 충분한 준비를 하여 주제를 선택하고 이야기의 배열을 잘하여 강조점을 연구하고 시간을 맞추어 완벽한 연설 원고를 만든다. 다른 사람의 의견을 들어 첨삭하고 수정하면서 많은 연습을 한다. 거의 외우다시피 연습을 한 후, 원고를 가지고 연단에 서서 연설 원고와 청중을 번갈아 보며 연설하는 형식이다.

이 형식은 내용이나 그 전개는 훌륭할 수 있지만 연설의 효과는 기대하기 어렵다. 왜냐하면 글로 써 놓은 것은 '글'일 뿐 '말'이 아니기 때문이다. 글은 아무리 자연스럽게 읽어도 말과는 거리가 멀기 때문이다.

미국 제너럴 모터스사의 찰스 F 케터링(Charles F Kettering)은 미국에서 가장 유명한 연설가 중의 한사람이었다. 그는 '지금까지 스피치 원고를 만든 일이 있느냐?'는 질문을 받고 이렇게 말했다.

'내가 말하려는 것은 너무 중요해서 종이 따위에는 적을 수가 없지요.
나는 내 온갖 것을 부딪쳐 청중의 마음이나 감정에 직접 쓰는 것을
좋아합니다. 내가 종이쪽지 속에 끼워져 있으면 곤란하지요.'

즉석연설

즉석연설이라고 하는 형식은 즉석에서 원고 없이 박력 있고 멋있게 하는 것 같지만 사실은 그렇지 않다. 어떻게 보면 즉석연설은 존재하지 않는다는 말이 맞다. 즉석에서 스피치 요청을 받아서 어쩔 수 없이 정

말 즉석에서 스피치를 하는 경우가 있지만, 대개 이런 경우 종잡을 수 없는 연설이 되고 만다. 대부분 즉석연설의 형식을 빌어 스피치하는 것은 많은 준비와 노력으로 철저히 계획하고 준비한 연설이라는 것을 알아야 한다. 이것은 우리가 개인과의 이야기에 원고를 준비하지 않는 것처럼, 여러 사람에게 이야기할 때도 원고를 준비하지 않아야 한다. 그러나 개인과의 대화에서도 중요한 문제는 머릿속에 잘 정리하고 준비하여 이야기하는 것처럼, 대중에게 이야기할 때도 30분 이상이나 1시간 동안 혼자서 일방적으로 이야기해야 하므로 해야 할 이야기를 더욱 더 잘 준비하여 체계 있게 준비해서 말해야 한다.

대중 앞에서는 청중 공포가 있어 조금만 실수하면 생각한 것을 다 잊어버릴 수 있다. 그래서 즉석연설을 준비하려면 중요한 테마를 순서대로 메모하여 연설에 임하는 것이 필요하다. 메모! 이 메모 안에 준비한 내용이 모두 들어가 있는 것이다. 메모는 원고가 아니므로 청중은 원고 없이 즉석연설을 한다고 믿지만 사실은 원고 준비 이상의 많은 준비가 되어 있는 것이다. 이 형식의 연설은 청중을 바라보며 반응을 살펴가면서 이야기의 완급을 조절할 수 있고, 자유로운 제스처로 이해를 더욱 증진시킬 수 있어 가장 훌륭한 연설법이라고 말할 수 있다.

연설의 목적이 청중에게 어떤 주제를 제시하여 이해, 설득, 공감, 행동시키는 것이라면 청중의 반응을 직접 파악하지 못하고서는 연설이라는 것은 불가능한 것이다. 청중과 눈이 마주치며 서로 교감하면서 연설을 하려면 원고를 보지 않고도 말할 수 있도록 준비하여야 한다. 그렇다면 어떻게 준비하는가? 스피치 특별 강좌에 자세히 설명되어 있으므로 여기서는 대강 알아보기로 하자.

① 먼저 원고를 작성한다.

② 원고를 3등분으로 나눈다. 즉, 도입부분, 설명부분, 마무리부분으로 나눈다.

③ 다시 설명부분만 서로 연관성을 살려 3등분한다. 설명 부분이 연설의 핵심이기 때문이다. 이 설명 부분을 원고 없이 말할 수 있도록 많이 읽고 생각한다. 여기서 중요한 것은 원고를 절대로 외워서는 안 된다는 것이다. 외우는 대신 중요한 테마만 메모한다. 그 메모만 보면 다음 이야기가 생각나도록 연습을 해 둔다.

④ 설명 부분이 완벽해지면 도입부분과 마무리부분도 같은 방법으로 줄거리만 메모하면 된다.

이상과 같이 정리된 메모를 16절지 정도 크기의 종이에 한눈에 들어올 수 있도록 정리해 둔다. 중요한 부분은 빨간색으로 줄을 그어 둔다. 또는 카드식으로 만들어 주머니에 넣고 다니며 수시로 연습을 거듭한다.

6. 화자와 청법

1) 화자에 대하여

화자란 말하는 주체(主體)이다. 화자가 말을 하는 경우는 크게 두 가지로 나눌 수 있다. 하나는 일상적인 대화나 정담같이 누구나 화자가 될 수 있는 경우이며, 다른 하나는 정당의 대표연설이나 강연, 설교처럼 말하는 주체가 미리 결정되는 경우이다. 연설은 일반적으로 일정한 자격을 갖춘 사람이 하는 것으로 확고한 자신의 사상과 주장을 논리적으로 표현하는 사람이 하는 것으로 확고한 자신의 사상과 주장을 논리적으로 표현하는 사람이 주로 연설을 담당한다. 좋은 연사가 되기 위해서는 사회적인 지위와 명성, 덕망 등의 기본적 바탕 위에 나름대로의 스피치 능력도 뛰어나야 한다. 또한 일상적인 대화든지 연설을 하는 연사이든지 좋은 화자의 태도를 갖추는 것은 필수불가결한 일이다.

말의 중요함을 인식하지 못하고 상대방의 마음을 찌르는 말을 하고 주워 담을 수 없어 후회하는 경우가 있다. 혹은 상스러운 말을 하여 자신과 상대방의 격을 떨어뜨리는 실수를 범하기도 한다. 좋은 화자의 태도란 '간이 알맞게 되어 맛있게 먹을 수 있는 국'과 같다. 지나치게 짜거나 너무 싱거운 국은 맛있게 먹을 수 있는 국이 아니다. 한마디 말 안에 그 사람의 성품과 인격이 배어 나온다는 것을 잊어서는 안 되겠다.

또한 좋은 화자라면 말과 행동이 일치해야 한다. 말과 행동을 통해 그 사람의 인품이 흘러나오며 좋은 인품을 가지고 있는 사람의 말에는 힘이 있다. 늘 언행이 일치했던 성경의 예수 역시 대화하기를 좋아했다. 수가성 우물가에 물 길러 온 여인에게 대화를 통해 생수의 의미를 깨닫게 하였고 제자들에게 역시 이야기를 들려주고 스스로 모범을 보여 가르치는 것에 쉬지 않았다.

《논어》에서는 세 사람이 같이 길을 걸어가면 그중에는 반드시 한 사람의 스승이 있으므로 항상 배우는 자세가 되어야 한다고 말하고 있다. 좋은 화자란 커뮤니케이션을 심화하기 위해 항상 배우고 노력하는 자세를 갖는 사람이다. 다음 항목들로 스스로를 점검해 보자.

- 남들 앞에서 거리낌 없이 말을 하는 편인가?
- 항상 성의를 가지고 말하는가?
- 모든 기회를 포착하여 말하고자 하는가?
- 말하는 방법을 열심히 연구하는 편인가?

세계 제1차 대전 중 미 해군 군목 대표를 지낸 프레지어 목사는 군목으로 성공할 수 있었던 조건으로 4G를 들었다. 그가 말한 4G란 용기(grit), 끈기(gut), 은총(grace), 적극성(gumption)이었다. 좋은 연사가 되기 위해서도 역시 프레지어 목사가 말한 4G를 얻기 위해 노력해야 한다. 또한 열정을 가지고 앞을 바라볼 때 목표하는 것이 현실이 된다는 것은 누구나 알고 있을 것이다. 제임스 교수는 '열정만 있으면 거의 모든 분야에서 성공을 거둘 수 있다.'라고 말했다. 앞으로 도출될 결과에 대해 신경을 쓰면 쓸수록 그러한 결과를 얻을 수 있는 가능성도 높아진다. 부자가 되려고 애쓰는 사람은 부자가 될 수 있고, 학식을 쌓고 싶은 사람은 목표를 달성할 수 있다. 착한 사람이 되고 싶은 사람은 얼마든지 착해질 수 있다. 그러기 위해 필요한 조건은 진정으로 그렇게 되기를 간절히 원하는 것이다. 열정을 가져야 한다는 것이다. 이것은 동시에 자신이 되고자 하는 바와 배치되는 것을 하지 않겠다고 하는 강렬한 욕구를 필요로 한다는 의미이기도 하다.

우리는 '할 수 있다'는 믿음을 가져야 한다. 안내자 없이도 에베레스트를 정복할 수 있다는 자신감 말이다. 그러나 다행히도 우리 주변에

는 안내자가 많다. 좋은 화자가 되고 싶다면 그리고 훌륭한 연사가 되고
자 한다면 주변을 둘러보고 안내자를 찾아가서 듣고 연습하고 할 수 있다
는 믿음으로 열정을 가지고 노력한다면 좋은 연사의 길을 걷게 될 것이다.

화자와 청법

화자는 청자를 대할 때 자신이 생각하는 것과 차이가 있다는 점을
인정하면서 자신의 의견을 표현해야 한다. 대화를 하다 보면 아무리 대
립적인 견해라 하더라도 공통적인 가치는 있게 마련이다. 이견을 좁히기
위해서는 공통점 또는 공의하는 부분을 찾아 거기서부터 이야기의 실
마리를 풀어가야 한다. 적대적인 청자에게 자신의 주장부터 강하게 내
세우면 감정적인 대립의 양상으로 치닫게 될 우려가 많다. 청자를 비난
하거나 그들의 주장에 반대하지 말아야 한다. 그렇지 않으면 기존의 골
만 더 깊게 파인다.

적대적인 청자를 설득할 때는 그들의 주장이 무엇인가부터 철저하
게 파악해야 한다. 그들의 입장을 정확히 이해하고 그들이 받아들일 수
있는 이해의 부분을 조금씩 늘려야 한다. 그리고 자신의 주장에 대한
근거를 이성적인 사고로 진술하고, 균형 잡힌 사고를 상대방에게 피력
하여 '공정한 사람' 이라는 평가를 얻도록 노력하는 것이 일단 중요하
다. 그리고 나서 자신의 주장은 맨 마지막에 내세우는 접근법이 이 경
우에는 효과적인 방법이다.

적대적인 청자를 상대로 이야기할 때는 지나치게 긴장하는 경우가
있는데, 상대방의 말을 끈기있게 듣는다는 여유로운 자세가 필요하다.
적대적인 사람을 설득한 예를 하나 들어보자.

한전에서 전남 영광에 원자력 발전소를 세우려고 계획을 세웠다. 주민의 반발이 심했다. 그러나 한전에서는 그 지방 출신인 임 부장을 그곳에 파견근무 차 보냈다. 임 부장은 부임 첫날, 후배 직원들에게 '주민 대표들의 이야기를 끝까지 들어주라'고 조언하였다.

주민은 자신들의 고충을 끝까지 들어주는 직원들의 변화된 모습을 보고 차츰 임 부장을 신뢰하게 되었고, 한전 측은 주민의 이야기를 듣고 답변 자료를 만들었다. 후에 한전 측과 주민 측이 다시 만났을 때, 한전 측은 이미 주민의 생각과 요구를 분석한 준비된 자료로 주민을 설득시킬 수 있었다. 결국 주민들은 한전 측의 보상안을 망설이지 않고 받아들였고, 임 부장의 '끝까지 들어주기'는 분쟁을 해소하는 좋은 결과를 낳았다. 이처럼 적대적인 청자를 상대할 경우에는 청자의 이야기를 들어줘야 할 뿐만 아니라 그에 따른 특별한 대응책을 마련하여야 한다는 것도 기억하자.

2) 청자에 대하여

청자란 말이나 연설을 듣는 사람이다. '청자 없이 스피치는 없다'라는 말을 명심해야 한다. 말하는 사람이 있으면 반드시 듣는 사람이 있다. 글쓰기와는 달리 말하기는 청자(聽者)와 직접 대면한 상태에서 이루어지기 때문에 청자에 대해 각별한 배려가 필요하다. 아무리 훌륭한 내용을 말한다 해도 청자를 배려하지 않는다면 말하려는 의도를 제대로 전할 수 없다.

성공적인 발표를 위해서는 청자에 대한 철저한 분석이 선행되어야 한다. 최근의 연구에서는 청자가 단지 수동적인 수용자가 아님이 밝혀졌다. 따라서 연설자는 청자가 발표 주제에 관해 어느 정도 알고 있는가? 얼마나 관심이 많은가? 자신에 대하여 어떤 선입견을 가지고 있는가? 청자의 지식수준과 가치관은 어떠한가? 등을 심도 있게 연구해야 한다. 청자를 무시한 연설은 연사의 공신력만 떨어뜨리기 때문이다.

아브라함 링컨은 "사람들에게 연설할 때는, 그들이 듣고 싶어 하는 바를 생각하는 데 2/3의 시간을 사용하고 내가 말하고 싶은 내용을 생각하는 데에 1/3의 시간을 사용한다."고 고백한 바 있다. 링컨의 이 말을 명심하자.

청자와 청법
● 호의적인 청자

호의적인 청자는 화자에게 기대하는 바가 크다. 발표자에 대한 믿음이 강하기 때문에 그들에게는 명쾌하고 간결하게 발표하면 된다. 그러나 호의적인 청자에게 지나친 농담이나 재담, 집안일이나 상대의 험담을 부질없이 늘어놓지 않도록 주의해야 한다. 호의적이라고 해서 평범한 내용으로 적당히 이해시키려 하지 말고 더욱 연구를 잘해서 발표해야 한다. 그리고 호의적인 청자에게는 우호적인 감정을 더욱 고취시키도록 스피치를 이끌어야 한다. 이들을 설득할 경우에는 입증 절차보다 주장에 더 신경을 써서 행동으로 이어지도록 촉구하고, 공동의 적을 공격하는 방법을 사용한다. 이들에게는 동의하는 정도가 약한 부분에서만 보조 자료로 입증하면 된다.

주의해야 할 점은 대중이 모인 곳에서 호의적인 청자를 특별 취급해서는 안 된다는 것이다. 대중과 같이 있을 때에 호의적인 청자와만 너무 가깝게 지낸다면 제3자가 볼 때 기분이 상할 수도 있다. 친한 사람에게도 공평하게 대해야 하며 모든 청자를 평등하게 대우해야 한다.

● 중립적인 청자

청중을 자극해야 한다. 중립적인 청자는 무관심한 청자를 말하는데 이 연설이 자기와는 관계가 없다고 생각하는 사람이다. 이때는 청중과 주제를 연결시켜 "이것은 여러분에게 매우 중요한 문제입니다."라고 계속 강조해야 한다.

그리고 하고 싶은 이야기를 충분히 해야 한다. 호의적인 청자에게는 간결하게 할 말만 하면 되지만, 중립적인 청자는 만나기가 쉽지 않고 말할 기회도 많지 않기 때문에 그들에게 하고 싶은 이야기를 충분히 하는 것이 유리하다.

먼저 다양한 경험담과 유머로 청중에게 신뢰를 쌓은 후, 이를 바탕으로 일체감을 형성해야 한다. 그 다음 단계로 주장이나 이를 뒷받침하는 근거를 제시하여 그들을 설득해야 한다. 이처럼 중립적인 청자에게는 세심한 주의를 기울여야 한다.

3) 청중 분석의 필요성

보이지 않는 독자를 상대로 하는 글쓰기와는 달리, 스피치는 청중과 직접 대면한 상태에서 이루어지기 때문에 청중에 대한 각별한 배려가 필요하다. 스피치에 성공하기 위해서는 청중의 인구 통계학적인 특성

(연령, 성별, 교육적 배경, 경제적 배경, 사회적 지위, 종교성향, 정치성향)을 철저히 파악하고 연구해 두지 않으면 안 된다.

아무리 훌륭한 사상을 가진 유능한 연사라 할지라도 그 연설을 들어줄 청중이 없다면 무슨 의미가 있겠는가? 많은 청중에게 연사가 일방적으로 자기의 말만 한다면 청중들은 그 연사의 말에 더 이상 귀 기울이지 않을 것이다. 그래서 스피치를 하는 사람은 청중들을 자세히 분석하고 연구해야 하는데 그에 대한 요령을 몇 가지로 언급하고자 한다.

1. 청중이 발표 주제에 대해 어느 정도 알고 있는가?
2. 청중은 스피치를 하는 연사에 대해 어떤 관심과 선입관을 갖고 있는가?
3. 청중의 지식수준과 가치관은 어떠한가?

이러한 항목들을 토대로 청중 분석을 철저히 한 후 스피치를 하는 것은 기본이다. 이를 간과한 스피치는 연사의 공신력은 물론이고 그 효과마저 크게 떨어뜨린다.

4) 청중의 본질에 대해

청중은 쉽게 친근감을 느낀다

사람은 다른 사람의 이야기에 귀를 기울여 듣고자 할 때는 물론, 억지로 들어야만 할 때도 그 근저에는 친근감이라는 배경이 깔려 있다. 인간은 원래 다른 사람과 관계를 갖고 싶어 하며, 좀 더 파고들어 보면 친해지고 싶어 하는 성향을 지니고 있다. 스피치를 하는 사람은 재빨리 이런 마음을 간파하고 그것을 바람직한 방향으로 키워 가야 한다.

연사가 사람들 앞에 서는 순간 청중은 연사를 평가한다. 좋은 사람 같다, 재미있는 이야기를 할 것 같다 등등 많은 생각을 품고 귀를 기울인다. 그것을 간파하기 위해서는 처음에 등장하는 방식이나 인사, 스피치의 서두에 충분히 신경을 써야 한다. 듣는 사람의 마음을 파악하지 못하면 그야말로 큰일이다. 그것을 돌이키기 위해서는 긴 시간과 노력이 필요하기 때문이다. 듣는 사람이 친근감을 갖도록 만들기 위해서는 다음과 같은 점에 주의해야 한다.

● 서두에 신경을 쓴다

첫마디의 내용, 인사하는 말투 등이 크게 영향을 미친다. 특히 최초의 서두를 소홀히 여겨서는 안 된다.

● 태도에 주의한다

태도와 표정, 복장, 동작 등이 청자에게 듣고자 하는 마음을 불러일으키기도 하고 없애 버리기도 하므로 세심하게 신경 써야 한다.

● 말씨에 주의한다

청중의 반발을 사는 말투나 무시하는 듯한 어조는 청중으로부터 거부하는 반응을 일으킨다.

청중은 쉽게 싫증을 느낀다

앞에서도 말했지만 스피치를 듣는 일은 매우 힘든 노동이다. 신체의 노동, 눈의 노동, 머리의 노동, 귀의 노동 등 말하는 사람은 청중에게 많은 노동을 강요하고 있는 것이다. 그러므로 연사에게 있어서 이 노동을 어떻게 완화할 것인지는 매우 중요한 과제다.

들는 사람의 육체적인 노동을 조금이라도 완화하고 자신의 이야기를 잘 들도록 하기 위해서는 먼저 편한 자세를 취할 수 있도록 해주는 것이 좋다. 스피치 첫머리에 "편안한 자세로 들어 주십시오"하는 식으로 가급적 긴장을 풀 수 있는 말을 던지며 시작하는 것도 한 방법이다. 바닥에 앉은 경우에는 책상다리를 하고 앉거나 다리를 쭉 펴는 편한 자세가 들는 사람의 주의력을 오래 지속시킨다. 또한 눈의 노동은 말하는 사람의 사소한 태도 변화로 완화시킬 수 있다. 일반적으로 들는 사람은 머리의 노동을 강요당하면 쉽사리 싫증을 내고 그 결과 스피치의 효과가 줄어든다. 그러므로 들는 사람이 내용에 대해 질리지 않도록 하기 위해서는 다음의 두 가지 방법을 실천해야 한다.

● **구체적으로 말한다**

구체적인 비유는 상대의 머릿속에 말하고자 하는 그림을 그리게 할 수 있다. 긴장감에서 해방되므로 휴식을 주는 효과도 있다. 또한 구체적인 표현을 쓰면 그 뜻을 찾는 두뇌의 노동이 줄어들어 들는 사람의 노동이 그만큼 완화된다.

● **감정에 호소한다**

사람은 정서적인 이야기에 쉽게 영향 받기 때문이다. 감정을 자극하면 쉽게 지루해하는 청중의 본질을 완화시킬 수 있다. 감정에 호소하기 위해서는 흥분시키고 화나게 만들고 웃기고 울리는 등의 방법이 있다.

청중은 외적조건에 지배당하기 쉽다

스피치의 효과는 말하는 장소의 상황에 좌우되기 쉽다. 청중은 자기 자신을 둘러싼 주변상황에 쉽사리 지배받기 때문이다. 그러므로 스피치하는 사람은 말하기 편한 상황을 만들기 위하여 각별히 신경을 써야 한다. 스피치의 효과를 떨어뜨리는 나쁜 외적조건으로는 다음과 같은 것들이 있다.

① 외부의 소음 때문에 알아듣기가 힘들다.

② 사람들의 출입이 많아 정신이 산만하다.

③ 냉난방의 조절 상태가 좋지 않아 방해가 된다.

④ 목소리가 갈라지거나 울려서 알아듣기 힘들다.

⑤ 동행한 아이들 소음으로 집중력을 떨어뜨린다.

⑥ 말하는 사람이 보이지 않아 친근감이 생기지 않는다.

⑦ 칠판의 글씨가 너무 작거나 흘려 써서 알아보기 힘들다.

⑧ 조명이 너무 어두워 분위기가 가라앉는다.

⑨ 바깥의 모습이 너무 많이 보여 정신이 산만해진다.

⑩ 구조적으로 연사와 청중 사이에 친근감이 생기지 않는다(연단이 너무 높은 경우 등).

이상과 같은 점을 염두에 두고 스피치의 효과를 높일 수 있는 장소와 상황 만들기에 대해 생각해보기로 하자.

● 인원수에 맞는 효과적인 장소 만들기

① 인원수에 맞는 장소를 선택한다.

② 큰 방에서는 한 곳에 모은다.

③ 의자의 배열 등을 연구한다. 10명 이하라면 ㄷ자 형태 등등.

④ 사람이 많을 때는 전원이 앞을 향하도록 한다.

● 효과적인 장소 만들기

① 출입구는 뒤쪽에 둔다.

② 칠판은 광선의 반사에 주의하여 잘 보이는 곳에 설치한다.

③ 사람이 적을 때는 같은 단에서 이야기한다.

④ 말하는 사람 앞의 강연대를 치운다.

⑤ 바닥에 앉는 곳일 때는 맨 앞줄을 약간 뒤로 뺀다.

● 기타 외적 조건 중 주의할 점

① 말하는 도중에는 출입을 제한한다.

② 말하는 도중에는 차를 접대하지 않는다.

③ 휴식시간은 구체적으로 관계자와 사전에 협의한다.

④ 말하는 도중에 전화호출을 하지 않는다.

⑤ 맨 앞줄을 빈자리로 두지 않는다.

청중은 내적조건이 쉽게 변한다

청중은 언제나 같은 상태로 있지 않고 항상 유동적이다. 따라서 연사는 이 흔들리는 마음의 변화에 올바르게 대응할 수 있어야 한다. 내적조건의 변화를 가져오는 원인은 많지만, 여기서 말하는 내적조건의 변화란 연사의 스피치가 청중에게 미치는 영향이 중심이 된다. 그런 의미에서의 내적조건이 마이너스가 되지 않도록 스피치를 할 때 신경을 쓸 필요가 있다.

① 도를 넘은 경우에는 원래자리로 되돌린다(이야기의 해독).
② 스피치에 변화를 주어 단조로움을 없앤다.

5) 청중의 특성

청중은 경청만 하는 존재가 아니다

청중은 연사의 이야기를 그대로 받아들이기만 하는 수동적인 존재가 아니다. 청중은 자기 나름대로의 가치관과 지식 체계를 가지고 있기 때문에 연사가 그들의 가치관에 전혀 부합하지 않는 주장을 내세우거나 지식체계에 합당하지 않은 정보를 제공할 때는 스피치 자체를 무시하거나 반발하게 된다.

청중 분석의 기술

효과적인 스피치를 위해 고려해야 할 청중의 속성 중에는 스피치의 성패에 직접적으로 영향을 미치는 것이 있다. 태도, 지적수준, 욕구, 그리고 감정 상태 등이 그러한 요소다.

청중의 기존 태도

인간의 태도(attitude)는 주어진 대상에 대한 그 사람의 감정적인 평가, 다시 말해서 그 대상을 좋아하거나 싫어하는 정도를 의미한다. 인간은 경험도 다르고 처해 있는 입장도 다르기 때문에 주어진 대상에 대한 태도 역시 다를 수밖에 없다.

따라서 자신이 아는 바도 없고 자신의 이익과 무관한 문제에 대해서는 중립적인 태도를 취하게 되지만, 자신이 알고 있는 문제나 자신의 이익과 결부된 문제에 대해서는 비교적 확고한 태도를 지니게 된다는 사실을 명심해야 한다.

● 청법의 중요성

미국의 화법학자 버커(Lary L. Berker)의 조사에 따르면, 인간은 깨어 있는 전체 시간의 70%를 의사소통에 사용하는데, 그중 48%가 듣기인 반면, 말하기는 35%, 읽기는 10%, 그리고 쓰기는 7%라고 한다. 그 만큼 인간이 커뮤니케이션에 사용하는 매개 가운데 듣기가 상당히 많은 부분을 차지한다는 것이다.

또한 듣기가 인간의 의사소통 생활에서 차지하는 비율은 방송, 이동 전화 및 각종 새로운 음향기기의 발달과 보급에 따라 앞으로 더욱 높아질 것이라고 버커는 전망하고 있다. 이는 1930년대에 42%였던 듣기 시간이 오늘날에는 48%로 증가된 사실로 미루어서도 알 수 있다는 것이다.

말하기와 듣기는 동전의 양면과 같은 것으로 말하는 이가 자기의 메시지를 아무리 효과적으로 듣는 이에게 전달하더라도 듣는 이가 그 내용을 정확하게 듣고 올바로 이해하지 못한다면, 결과적으로 이들 사이에서의 의사소통은 제대로 이루어질 수 없다. 따라서 화법에서는 말하기의 효과적인 방법 뿐 아니라 올바른 듣기 방법도 학습해야 한다. 그럼에도 불구하고 대체로 듣기를 말하기보다 경시하는 경향도 없지 않은데 이는 무엇보다도 듣기의 본질에 대한 그릇된 관념 때문이다.

● 청법의 본질

일반적으로 듣기를 단순히 음성의 청취로 생각하거나 수동적 행동으로 간주하여 말하는 이가 정확한 음성 언어를 통하여 메시지를 제대로 전달만 하면 듣는 이는 그 내용을 그대로 받아들인다고 생각한다. 그러나 듣기는 음성의 단순한 청취와는 다르다. 듣기는 말하는 이의 음성은 물론 몸짓, 얼굴 표정 등도 함께 해독하고 지각하여 그 속에 담긴 메시지의 의미를 이해하고 나아가서는 그에 대한 반응을 나타내는 복잡한 인지적 과정이기 때문이다.

또한 듣기는 모든 메시지를 그대로 받아들이는 수동적 행위가 아니라 메시지의 능동적인 수용행위이다. 말하자면 듣는 이는 어떤 메시지 내용에는 아예 주의조차 않는가 하면 흥미 있는 것만 골라 선별적으로 듣기도 하며 자기 나름대로 해석해서 받아들이기도 한다는 것이다. 때문에 말하는 이가 듣는 이에게 메시지를 잘 전달하더라도 듣는 이와 의사소통이 제대로 이루어지지 않는 경우도 적지 않다는 것을 기억해야 한다.

6) 청중을 사로잡는 비결

청중을 사로잡는 다섯 가지 단계

스피치의 목적을 달성하기 위해서는 청중을 사로잡아야 하는데, 청중을 사로잡기 위해서는 다음과 같은 과정을 거쳐야 한다.

제1단계 청중의 주의나 관심을 모으는 단계이다.

제2단계 청중의 흥미를 일으키는 단계이다.

제3단계 청중에게 감동을 주는 단계이다.

제4단계 청중을 설득시키는 단계이다.

제5단계 청중의 행동을 유발시키는 단계이다.

스피치를 시작하기 전에 청중을 관찰한다. 사전에 파악한 청중 분석과 부합하는지 살펴보고 변동 사항이 있다면 재빨리 변화된 상황에 대처해야 한다.

가령, 동강 댐 건설의 필요성과 그것이 상수도 수급에 미치는 영향에 대한 강의를 부탁 받았다고 하자. 애초에는 댐 건설에 찬성하는 주민들과 결정을 미루고 있는 주민들이 참석할 예정이었다. 그러나 당일에 댐 건설을 반대하는 환경 단체들이 대규모로 참석한다면 어떻게 할 것인가?

이같은 돌발적인 상황에 대처하기 위해서는 많은 노력과 훈련이 필요하겠지만, 훌륭한 연사라면 스피치를 준비하는 단계에서 반대하는 주민들의 입장에서 생각해 보고 그들의 논리를 신중히 검토해 봤어야 할 것이다. 따라서 청중 분석과 사전 준비 과정에서는 예상치 않는 상황에 대해서도 대비해야 한다.

또 하나는 주위를 두리번거리거나 옆 사람과 잡담을 하는 청중이 늘어나면 '스피치가 지루하니 빨리 끝내달라'는 신호라고 생각하면 된다.

이럴 때는 당황하지 말고 청중을 다시 집중시키기 위해서 유머를 사용해 보라. 또는 시각 자료를 사용하거나 청중에게 질문을 던지는 것도 좋은 방법이다. 만일 이때 스피치가 결론부에 이르렀다면 자신의 주장을 확실히 내세우고 바로 마무리 짓는 것이 좋다. 그러나 그렇다고 얼렁뚱땅 결론을 짓거나 얼버무려서는 안 된다. 비록 연사 자신의 뜻과는 다르게 성공적이지 못한 스피치였다 하더라도 전체 주제를 압축할 만한 핵심 문구를 사용하여 마무리 지음으로써 확실한 결론부를 만들어야 한다.

7) 청중을 집중시키는 방법

궁색한 변명으로 시작하지 말라

간혹 겸손의 뜻으로 연사가 청중 앞에서 '준비가 제대로 되지 않아서' 또는 '나는 적임자가 못 된다' 등으로 변명하는 경우가 있다. 연사가 굳이 변명하지 않아도 내용을 듣다보면 준비를 했는지 안 했는지, 적임자인지 아닌지를 자연히 알게 된다. 변명으로 스피치를 시작하면 연사에 대한 존중심과 신뢰를 떨어뜨리기 쉽다. 설령 준비가 소홀했거나 자신감이 없더라도 주어진 여건이나 현재의 상황에서 '최선을 다하고 당당한 자세로 스피치를 진행해야 한다'는 마음가짐이 중요하다. 연사가 당당하고 자신감에 차 있는 모습을 보이지 못하면 그 스피치는 시작부터가 실패라고 봐야 한다.

신선하고 부드럽게 말하라

스피치에 자신 없는 사람일수록 미리 작성한 원고를 연단에 서서 그저 낭독하는 경우가 많다. 연사가 스피치에 자신을 갖지 못하면 그 사실을 청중들은 금방 눈치 챈다.

철저한 사전 준비로 완벽하다고 생각하는 원고를 준비했다 할지라도 그저 원고를 낭독하는 수준이라면 좋은 연설이 될 수 없다. 원고를 낭독하면 연사의 모든 정신이 원고에 집중되어 연설하는 동안에 청중과의 시선교류가 이루어지기 힘들다. 이러한 행동은 청중을 외면하는 것처럼 보이기 때문에 청중의 호응을 얻기 힘들다.

즉흥 스피치가 아니라면 사전에 원고를 철저히 준비하고 충분한 연습을 거쳐야만 자연스러운 스피치를 할 수 있다. 부드럽게 대화하듯이 생동감 있게 스피치를 하기 위해서는 청중과 눈을 마주치면서 하는 것이 효과적이다.

원고는 말씨 하나하나까지 세밀하게 작성할 필요는 없다. 중요한 내용에 대한 핵심 요약과 주제와 연관된 유머, 통계 자료 등에 대한 메모 정도면 충분하다. 준비된 원고를 그저 외워서 읽는 것이 아니라 청중 앞에서 자연스럽게 말할 수 있는 연습이 무엇보다 필요하다.

스피치 시간을 엄수하라

제한된 스피치의 시간을 지키는 것은 대단히 중요하다. 간혹 10분의 스피치 시간이 주어졌는데 한 시간 가까이 질질 끈다든지, 한 시간의 스피치를 30분도 못 되어 마치는 연사가 있다.

특히 시간을 엄수하기 위해서 유의해야 할 점은 불필요한 말을 생략해야 한다는 것이다. 청중이 기본으로 아는 사항을 전부 말할 필요는 없으며 구어체를 사용하는 것이 효과적이다. 또한 특정 자료나 숫자, 이름 등을 인용하면 압축된 내용을 전달하는 데 보다 용이하다. 특히 다수의 연사가 순서를 정해 스피치를 하는 경우 제한 시간을 넘겨 버리면 주최 측의 사정이 곤란해질 뿐 아니라 다른 연사에게도 이만저만한 실례가 아니다.

청중의 시간도 역시 존중해야 하는데 연사가 이를 무시한다면 청중의 마음을 사로잡기는커녕 원망만 듣게 될 것이다. 또한 스피치의 시간이 길어지면 처음에 관심을 가지고 집중했던 청중의 열의와 흥미마저 사라져 버리므로 유의해야 한다.

패기 있는 목소리로 말하라

《카네기 연설법》의 저자 데일 카네기(Dale Breckenridge Carnegie)는 이렇게 말했다.

"열성적인 목소리로 자신 있게 말하라. 이렇게 시작한 연설이 청중의 마음을 파고 든다."

대개 자신이 없어서 그렇겠지만 응얼응얼 혼잣말을 하듯이 스피치를 하는 연사들이 간혹 있다. 이 경우에 아무리 집중해서 들으려 해도 잘 들리지 않을 뿐 아니라 청중을 그저 자리만 지키는 사람들로 만들어 버릴 위험이 있다. 제 아무리 중요한 스피치라도 들리지 않는 스피치를 어떻게 들을 수 있겠는가?

반면에 힘찬 목소리로 패기 있게 말하면 자연히 관심을 갖고 집중하여 듣게 되므로 성공적인 스피치를 하는데 어려움이 없게 된다.

긴장되는 것을 두려워하지 말라

긴장을 해소하기 위해서는 무엇보다도 어깨에 힘을 빼고 마음을 편안하게 먹는 것이 중요하다. 긴장하게 되면 눈부터 불안해져 시선을 자꾸 옮기게 되거나 원고만 보면서 청중은 쳐다보지 않게 되기 십상이다. 연사가 이런 태도를 보이면 청중은 스피치를 듣는 것이 아니라 그저 자리만을 지키는 상태가 된다.

무엇보다도 연사가 너무 긴장을 해서는 안 된다. 두려워하지 말고 훈련을 통해 극복하도록 노력해야 한다. 긴장은 잠시다. 누구나 잠시 동안은 긴장하게 된다는 사실을 잊지 말라.

온몸으로 말하라

스피치는 단지 음성만을 전달하는 것으로 청중을 만족시킬 수 없다. 스피치의 효과는 얼굴 표정, 손, 움직임, 몸짓, 자세 등 다양한 표현으로 얻어지는 것이다.

스피치가 힘이 넘치는 내용을 담고 있다 할지라도 연사의 제스처가 어울리지 않는다면 청중은 그 내용을 이해할 수 없게 된다.

연사가 자신의 강한 의지를 전달할 때 내용과 잘 어울리는 제스처를 취하면 효과가 배가된다.

합동 연설회장에서 흔히 볼 수 있는 장면으로 대부분의 입후보자들은 강하게 어필할 상황에 이르면 주먹을 불끈 쥐고 강한 동작을 취한다. 또한 유권자들로부터 힘찬 박수를 받을 때 취하는 제스처는 연설 이상의 효과를 발휘한다.

필요 이상의 제스처는 인위적인 느낌을 주지만 적절히 활용한다면 매우 효과적이다.

유머를 적재적소에 사용하라

유머는 어색한 분위기를 자연스런 분위기로 만드는 청량제이며 산만해진 청중의 귀를 한데 모으는 시선집중의 무기이다. 그러한 효과를 얻기 위해서는 스피치 주제의 핵심과 각 소재 간에 연관성이 있어야 하고 전체 흐름에 주제를 더욱 부각시킬 수 있어야 한다.

웃음이 터져 나오면 외면하던 청중까지 '무슨 재미있는 이야기가 있나 보다' 하고 기웃거리면서 '무슨 얘기야, 앞에서 뭐라고 그랬지' 하며 이미 지나친 말까지 듣고 싶어 한다. 이토록 유머는 흩어진 청중의 관심을 다시 연사에게 집중시킬 수 있는 것이다. 유머만큼 청중의 관심을 끌어내는 효과적인 수단은 없는 듯하다.

말의 간격을 유용하게 이용하라

일정한 말의 간격은 매우 중요하다. 특히 스피치에 있어 말의 간격은 스피치의 성패를 좌우할 정도이며 이는 오랜 훈련을 필요로 한다.

효과적으로 말의 간격을 맞추는 것은 쉽지 않은 일이지만 청중에게 전달되는 묵시적 효과는 상상보다 크다. 말의 간격은 연사와 청중의 감정 교류에 반드시 필요한 요소이다. 청중이 생각할 수 있을 시간만큼의 간격, 다음 말을 기다릴 만큼의 간격을 두어야 한다. "당신이라면 이럴 때 어떻게 하시겠습니까?"라고 말한 후 잠시 사이를 두면 청중은 '나라면 어떻게 할까?' 하고 생각하게 된다.

간격을 둔다는 것은 말이 빨라야 할 부분과 느려야 할 부분의 포인트를 정확히 잡는다는 뜻이다. 간격을 적용하는 방법이 자연스럽지 못하면 의미가 잘못 전달될 뿐 아니라, 청중이 올바로 이해하지 못하거나 연사가 의도하지 않은 방향으로 생각할 여지를 주게 된다.

압도하는 분위기로 임하라

열정적인 스피치를 하면 압도하는 분위기를 조성하므로 아무리 비판적이고 비협조적인 청중일지라도 연사를 주시하지 않을 수 없다. 아무리 테크닉이 뛰어나도 정열이 없으면 죽은 스피치에 불과하다. 반대로 아무리 스피치가 서툴어도 열의를 다하면 청중을 설득시킬 수 있다.

속어나 비어를 피하라

속어나 비어를 절대적으로 사용하지 말라는 법은 없다. 경우에 따라서는 청중의 흥미를 높이고 청중들과 동질감을 갖는 효과를 거둘 수도 있다. 그러나 예의에 벗어나는 언어를 함부로 사용하면 스피치의 품격이 떨어질 뿐 아니라 청중을 불쾌하게 만들 수 있다. 특히 속어나 비어를 유머로 착각하는 사람들이 있는데 스스로의 인격을 떨어뜨리는 원인이 될 수 있으므로 주의해야 한다.

7. 정보화 사회와 스피치

정보화 사회에서는 말이 곧 능력이다. 아무리 유능한 사람일지라도 자기가 아는 바를 말로 표현할 수 없다면 무능한 사람과 별로 다를 바가 없다. 그래서 자기 발전을 모색하는 사람이라면 스피치 능력부터 키워야 한다.

1) 스피치의 중요성

더 이상 행동으로 보여줄 수는 없게 되었다

과거에 우리 사회는 스피치나 연설의 중요성을 과소평가하는 경향이 있었다. 유교의 영향을 많이 받은 우리 전통 사회는 말보다는 행동을 더 중시하여 '말 잘하는 사람치고 믿을 만한 사람은 없다'는 생각을 하는 사람이 많았다. 그래서 사람들은 가능하면 말을 줄이려 노력하였다. 이러한 사고가 전통이 되어 이어져 내려오면서 우리는 표현력이 크게 부족한 민족이 되어 버렸다.

사실 말보다는 행동을 중시하는 유교의 가르침이 잘못된 것은 아니다. '백문이 불여일견'이라는 말은 백 마디의 말로 떠들어대는 것보다는 한 번의 행동으로 보여주는 것이 더 효과적이라는 의미인데 그 역시 맞는 말이기 때문이다.

　문제는 오늘날의 사회는 전통 사회와 그 구조 자체가 다르다는 점이다. 과거 지역 공동체를 중심으로 하는 사회에서는 사람들의 생활반경이 매우 좁았고 자신이 설득하고자 하는 사람들과 가까운 곳에서 많은 시간을 함께 할 수 있었다. 따라서 자신의 소견과 능력을 행동으로 보여주는 것이 가능했다. 그러나 오늘날 우리가 살고 있는 사회는 과거 지역 공동체와는 성격이 전혀 다른 대중사회이다. 우리의 생활반경은 크게 확대되었으며 우리가 다루거나 설득해야 할 대상도 그만큼 증가하였다. 반면에 우리와 설득 대상 간의 실제 접촉시간은 크게 줄어들어 그들 중 대부분은 우리의 행동을 제대로 관찰할 수 없는 상황에 놓이게 되었다. 따라서 우리가 아무리 행동으로 보여주고 싶어도 이제는 더 이상 통하지 않는 사회가 된 것이다.

권위주의 사회에서는 신분과 출신이 설득한다

　우리의 소견과 능력을 행동으로 보여줄 수 없다면 우리의 설득 대상들은 무엇을 통하여 우리를 판단하게 되는가? 이것은 우리가 어떤 사회에 살고 있느냐에 따라 달라진다. 1980년대 중반까지만 하더라도 우리는 권위주의가 위세를 떨치는 사회에서 살고 있었다. 이때에는 신분이나 출신이 그 사람의 능력을 대변한다고 믿는 경향이 강했다. 즉 상대가 얼마나 능력이 있는지 또는 얼마나 표현력이 뛰어난지의 사실적인 평가보다 그가 어느 집단 소속이며 얼마나 높은 지위에 있는가, 어느 학교 출신인가, 또는 직업이 무엇인가를 더 중시했다. 그래서 과거 우리 유권자들은 개별 정치인의 소견이나 능력보다는 그가 어느 정당의 공천을 받았느냐를 더 중시하였고, 기업 경영인들은 개인의 능력을 검증하기보다는 출신학교만을 따라서 직원을 채용하고 승진을 결정했었다.

탈권위주의 사회에서는 개인의 능력이 설득한다

그러나 1990년대 이후 우리 사회는 매우 빠른 속도로 변하고 있다. 오랫동안 뿌리내리고 있던 권위주의도 점차 쇠퇴하고 있으며 사람들의 판단기준도 점차 합리적으로 변해가고 있다. 특히 서구로부터 유입된 개인주의적 사고방식이 강해지면서 사람을 판단할 때 그의 신분이나 출신보다는 능력이나 사람됨을 보고자 하는 경향 역시 강해지고 있다.

정치적으로는 지방자치제가 실시되면서 후보들 간의 토론문화가 정착되고 있으며, 기업에서는 직원채용 시 이전보다 더 면접점수에 비중을 두고 있다. 이러한 변화들은 모두 소견과 능력을 중시하는 탈권위주의 현상을 반영하는 것이다.

능력은 말을 통해서 표출된다

빠른 속도로 도래하고 있는 탈권위주의 사회에서 개인의 능력은 어떻게 표출되는가? 앞에서도 언급한 바와 같이 오늘날과 같은 대중 사회에서는 더 이상 행동과 실천만으로 자신의 능력을 입증할 수는 없게 되었다.

따라서 말은 자신의 능력을 보여주기 위한 필수 불가결한 수단이 되었다. 정치인의 경우 아무리 훌륭한 비전과 뛰어난 능력을 갖고 있더라도 연설기회를 통하여 이를 효과적으로 알리지 못하면 유권자의 지지를 얻지 못한다. 또한 교사나 교수가 아무리 아는 것이 많아도 이를 전달하는 방법이 미숙하면 무능한 선생이 되고, 학생이 아무리 공부를 열심히 해도 토론이나 질의응답 과정에서 제대로 발표하지 못하면 '평범한 학생'이 되고 만다.

직장인의 경우도 마찬가지이다. 자신에게 맡겨진 일을 아무리 열심히 하더라도 회의나 프레젠테이션에서 주눅이 들어 더듬거리게 되면 그 능력을 인정받지 못한다.

정보화 사회에서는 말이 곧 능력이다

현대는 정보화 사회이다. 정보화 사회에서 가장 중요한 능력은 말을 다루는 능력 즉, 스피치 능력이다. 매스 미디어의 발달, 그리고 매스 미디어와 컴퓨터가 결합된 멀티미디어의 발달로 인하여 사람들은 안방에 앉아 생활에 필요한 모든 정보를 입수할 수 있다. 이것은 사람들 간의 개별적인 접촉은 더욱더 줄어들고, 타인에 대한 판단은 미디어를 통하여 전달되는 그 사람의 말에 크게 의존할 수밖에 없으므로 이전의 사회보다 말을 다루는 능력은 더욱 중요할 수밖에 없다.

간혹 정치인이나 대학교수가 방송에 출연하여 대담을 하게 될 때 전과는 달리 그 사람의 실제 정치 행적이나 연구 업적보다는 그 사람의 발표력에 기초하여 '똑똑한' 사람이니 '별로 아는 것도 없는' 사람이니 하고 평가하는 사람들을 흔히 보게 된다.

매체를 통하지 않고 직접 얼굴을 맞대고 정보를 주고받는 경우에도 말의 중요성은 여전하다. 말은 정보를 전달하는 가장 중요한 수단이 된다. 정보를 제공하는 사람의 스피치 능력이 부족하면 전달되는 정보는 불완전할 수밖에 없고 당연히 그 사람의 능력은 평가 절하된다. 이러한 현상은 학생들이 수업시간에 질문을 하거나 발표를 할 때 또는 회사원이나 전문직 종사자가 동료나 고객을 대상으로 프레젠테이션을 할 때도 일어날 수 있는 일이다. 아무리 아는 것이 많다 하더라도 이를 효과적으로 표현하지 못하면 상대는 당연히 제공되는 정보의 질을 의심할 수밖에 없고 나아가서는 발표자의 능력까지도 의심하게 되는 것이다. 반대로 발표력이 뛰어난 경우에는 정보 자체도 효과적으로 전달될 뿐더러 발표자에 대한 신뢰도 역시 높아져서 결국 발표자의 능력 자체가 높은 평가를 받게 된다. 말하자면 정보화 사회에서는 스피치 능력이 그 사람의 전반적인 능력을 대표하게 되는 셈이다.

8. 정보화, 국제화 시대의 스피치

오늘날 우리는 고도의 정보화 시대에 살고 있다. 사람 머리카락 굵기의 단 한 가닥 광섬유 회선으로 5만 개가 넘는 메시지를 단파 라디오보다 2,000배나 빠른 속도로 세계 구석구석으로 동시에 전달할 수 있으며, 서울과 부산의 3만 2,000여 명이 동시에 서로 전화로 통화할 수 있게 되었다. 뉴미디어라고 부르는 이러한 새로운 통신 수단은 국가 간, 지역 간의 장벽을 무너뜨려 세계를 하나의 조그만 지구 촌락으로 만들고 있다.

그러나 한편에서는 사람들 사이의 마음의 벽이 점점 더 높아지고 심지어 부모와 자녀들 사이에도 진정한 대화나 의사소통이 잘 이루어지지 않는다는 개탄의 소리도 들리고 있다. 그렇다면 그 이유는 무엇일까? 그것은 올바른 화법을 모르기 때문인 경우가 많다.

화법(話法)이라고 하면 흔히 말을 유창하게 잘하는 방법 정도로 생각하는 경향이 많다. 그러나 화법은 단순히 말을 잘하는 방법이 아니라 말하기와 듣기라는 수단을 통하여 서로 마음을 열고 다 같이 평화롭게 살기 위한 의사소통의 한 방법이다. 이제 그 의사소통의 본질에 대해 살펴보자.

커뮤니케이션(의사소통)

말하기와 듣기는 가장 기본적이고 중요한 의사소통 수단으로 무려 10만 년 동안이나 계속 사용되어 오면서 인류 사회의 발전에 크게 이바지 하였다. 그러나 말하기와 듣기는 물론이고 그 어떠한 의사소통 수단도 없었던 원시 시대에는 인간들도 맹수들처럼 따로따로 흩어져 살았다. 왜냐하면 서로 간의 의사소통이 없이는 공동생활이 불가능하기 때문이다. 그러나 지금으로부터 약 25만 년 전, 인류는 몸짓언어라는 원시적 의사소통 수단을 개발함으로써 서로 간에 어느 정도의 의사소통이 가능해지자, 가족 단위의 공동생활을 시작하였다. 그 뒤 다시 음성 언어를 개발하여 다른 사람과의 의사소통의 범위가 확대되자 씨족 또는 부족 단위의 공동생활을 하면서 음성 언어를 통해 커뮤니케이션이 가능하게 되었다.

우리는 커뮤니케이션이라는 용어를 '의사전달' '통신' 또는 '의사소통' 등 여러 가지로 번역해서 사용하고 있다. 커뮤니케이션은 정보나 지식, 사상, 의견, 감정 등을 주고받아 서로 의사를 소통하고 나아가서는 서로의 의견, 태도, 행동 등에 영향을 미치는 행위라고 정의할 수 있다.

커뮤니케이션을 세 가지로 구분해서 다시 설명하면 첫째로, 커뮤니케이션은 인간들이 서로 여러 가지 정보나 지식, 의견, 사상, 감정 등을 주고받는 전달 행위이다. 따라서 이를 우리말로 흔히 의사 전달, 또는 통신, 또는 의사소통이라고 부른다.

둘째로, 커뮤니케이션은 인간들이 서로의 의사를 전하기 위한 의사소통 행위이다. 정보나 지식 등을 서로 주고받는 것은 단순히 그것들의 전달과 수신에만 목적이 있는 것이 아니라, 서로 의사를 주고받는 데에 궁극적 목적이 있다.

셋째로, 커뮤니케이션은 사람들이 서로를 설득하는 행위이다. 이는 사람들이 서로 의사소통을 하는 것은 다른 사람의 생각, 의견, 태도, 행동 등에 영향을 미치려는 데도 목적이 있기 때문이다. 이러한 목적의 의사소통 행위로는 광고나 선전 등 이른바 설득 커뮤니케이션을 들 수 있다.

이처럼 커뮤니케이션은 세 가지 행위 곧 의사 전달, 의사소통 및 설득 행위를 포괄한다. 그러나 이들을 모두 포괄하여 그 개념을 정확히 나타낼 수 있는 적당한 우리말을 아직 찾지 못하여 이 책에서는 '커뮤니케이션'을 편의상 '의사소통'이라고 부르기로 한다.

의사소통의 목적에는 여러 가지가 있는데 크게 정보 교환의 목적, 교육과 학습의 목적, 설득과 합의의 목적 및 오락과 사교의 목적으로 분류할 수 있다. 이런 의사소통의 목적을 이루기 위해 문명은 거듭 발전을 해왔다. 캐나다의 경제 사학자 이니스(Harold Adams Innis)는 '인류 사회의 문명사는 곧 의사소통 수단의 발전사'라고 말했다.

- 의사소통 수단

인간은 생존을 위해 주위에서 어떤 일들이 벌어지고 있는지를 판단하여 목적하는 바를 취득하는 방법이나 그에 대한 경험 등을 다른 사람에게 전수하였는데 그 과정에서 음성 언어만으로는 의사소통에 한계를 느끼게 되어 문자 언어라는 의사소통 수단을 개발하였다. 그것은 멀리 떨어져 있는 사람들이 서로 시간과 공간을 초월한 의사소통을 할 수 있는 수단이기 때문에 부족 국가 형성을 가능하게 하였다. 또한 문자로 기록을 남길 수 있게 되자 인류는 역사 시대로 접어들었는데 이는 계속 발전을 거듭하여 신문, 잡지, 전신, 전화, 라디오, 텔레비전 그리고 통신 위성 등 새로운 의사소통 수단의 개발로 이어졌고, 현재에 이르러서는 지구 전체가 하루 생활권으로까지 발전하게 되었다. 이처럼 의사소통 수단의 발전은 인류 사회의 발전에 아주 중요한 구실을 해왔다.

- 메시지

메시지(message)란 말하는 이와 듣는 이가 서로 전달하고 전달받는 이야기의 내용이다. 정보, 지식, 사상 또는 의견, 감정 등의 내용을 담고 있는 것을 의미하는데 엄밀히 말하면 메시지는 단순히 정보, 지식, 사상, 의견, 감정 등의 내용뿐만 아니라 이것들이 다른 사람들에게 전달 가능하도록 하는 언어나 그림, 기호 등을 포함하고 동시에 전달할 의미를 체계적으로 조직, 배열해 놓은 모든 것을 총칭한다.

- 매체(媒體)

매체는 위와 같은 메시지의 전달 수단으로서 음성, 몸짓, 문자, 도형, 또는 서적, 신문, 잡지, 라디오, 텔레비전 등을 말한다. 이처럼 인류는 여러 가지 매체들을 개발해 왔으나 아직까지 가장 많이 사용하는 것은 역시 음성 매체이다. 말하기와 듣기에서는 바로 이 음성 매체를 사용하여 말하는 이와 듣는 이가 서로 메시지를 전달하고 수신하면서 의사소통을 한다. 그러나 더 효과적인 의사소통을 위하여 몸짓, 얼굴 표정, 또는 그림, 사진 등의 시각적 수단도 음성 매체에 곁들여 사용하며 또한 전파 매체도 이용한다.

비슷한 예로서 우리가 어떤 화물을 배로 외국에 보내려면 바닷물과 배가 있어야 하는데, 여기서 화물을 메시지에 비유한다면 바닷물이나 배에 해당되는 것이 곧 매체이다. 이러한 매체는 크게 두 가지 유형으로 분류할 수 있다. 하나는 바닷물에 해당되는 음성, 몸짓, 문자 등이고 또 하나는 배에 해당되는 서적, 신문, 잡지, 텔레비전 등이다. 그러나 일반적으로는 이들 두 가지 유형의 매체들을 포함하여 메시지를 실어 전달하는 모든 수단을 매체라고 부른다. 예를 들어, 성냥갑이나 볼펜도 만약 거기에 광고 메시지를 실어 전달하면 그것은 매체가 되는 것이다.

우리 인간은 더 빨리, 더 널리, 더 많이 그리고 더 정확하게 자신들의 메시지를 전달하기 위하여 이러한 여러 가지 매체를 계속 개발하여 사용해 오고 있다.

원시 시대에는 몸짓이나 울음소리 등의 매체를 통하여 서로 메시지를 전달하였으나 이에 한계를 느끼게 되자 음성 매체와 문자 매체를 개발하였고, 15세기에는 서적, 신문, 잡지 등의 인쇄 매체를, 20세기에는 라디오, 텔레비전 등의 전파 매체를 개발함으로써 각종 메시지의 신속한 대량 전달이 가능하게 되었다. 그러나 우리 인류는 이에 만족하지 않고 뉴 미디어라고 하는 새로운 매체의 개발을 이루어 냈다. 지금 지구촌 곳곳에서는 디지털 뉴 미디어 혁명이 거세게 몰아치고 있다.

● 뉴 미디어

뉴 미디어(new media)란 전화, 라디오, 텔레비전, 신문, 잡지, 서적 등 재래식 매체에 고도로 발달된 컴퓨터, 전자, 반도체, 전기 통신, 인공 위성 등의 혁신적 기술을 결합시킨 것이다. 말하자면 전자 우편, 전자 신문, 팩시밀리, 방송, 음성 다중 방송, 직접 위성 방송, 레이저 디스크, 광통신 등을 말한다. 이러한 새로운 매체의 개발로 통신 혁명이 일어나 현재 인류 사회는 새로운 정보화 시대를 맞고 있다. 국제화의 거센 변화의 태풍 속에서 스피치의 요령 또한 달라지지 않으면 안 된다는 막중한 과제를 떠안고 있다.

매스미디어와 커뮤니케이션

매스미디어의 발달은 커뮤니케이션에 막대한 영향을 미치고 있다. 그중에서도 특히 텔레비전의 등장은 불특정 다수의 청중을 상대로 한꺼번에 메시지를 전달하는 힘을 지니고 있기 때문에 그 위력은 상상을 초월할 정도로 강력하다고 할 수 있다.

어떤 사람에 대한 사회적 인정이 텔레비전의 출연 여부에 의해 좌우된다고 해도 과언이 아니다. 요즘에는 외국에서 학위를 따고 돌아온 의학박사의 조언보다 텔레비전의 건강 상담 프로그램에 출연하는 의사의 말에 더 권위가 있을 것이다. 이런 현상을 부정적으로 보는 시각도 없지 않으나 무시할 수 없는 것이 현실이다.

텔레비전에 출연하는 데는 경력이나 학력보다도 스피치 능력이 우선된다. 아무리 탁월한 전문지식을 자랑하는 사람이라 하더라도 텔레비전에서 자연스러운 언변이나 유머 감각을 보여주지 못하면 방송국으로부터 더 이상 출연 요청을 받지 못하게 된다. 시청자들은 더듬거리거나 굳은 표정으로 어색하게 늘어 놓는 이야기에는 신뢰감을 느끼지 못하기 때문이다.

또한 매스미디어의 발달은 스피치에 대한 관점도 상당히 변화시켰다. 평소 유머 감각이 뛰어난 사람이라고 평가받던 사람도 텔레비전의 개그 프로그램이 일반화되면서부터는 상대적으로 인색한 평가를 받고 있다. 마찬가지로 평소 뛰어난 언변을 자랑하는 사람들이 미디어에서 능란하게 스피치를 구사하게 되면서 스피치에 대한 안목과 수준 역시 높아졌다. 따라서 웬만한 스피치로는 스피치를 잘한다고 평가를 받기가 쉽지 않다. 이와 같이 매스미디어의 발달은 스피치의 능력을 한층 더 중요하게 만든 것은 물론이고, 동시에 보다 수준 높은 스피치 능력을 요구하기에 이른 것이다.

Part3.
스피치 원고를 어떻게 만드는가?

1. 스피치 원고작성법

1) 원고작성의 기초지식

아무리 연설 경험이 많고 또 연설에 자신감을 가진 사람이라 할지라도 즉흥연설은 하지 않는 것이 좋다.

연설은 청중을 위해서 하는 것이지 연사 자신을 위해서 하는 것이 아니기 때문에 청중을 위해서 충분한 준비를 해서 연단에 서는 것이 청중에 대한 예의이다.

준비 없이 하는 즉흥연설은 연사가 말에 소질이 있어서 아무리 청산유수로 말을 한다고 해도 화제나 소재가 부족하고 말의 수사가 어색하여 이론 전개에 통일성과 일관성이 없어 결국은 내용이 없는 빈껍데기의 연설이 되고 만다. 음식준비를 충분히 해놓지 않고 손님을 초대하면 맛있고 영양 있는 음식은 내놓지 못하고 밥만 수북이 내놓게 된다. 준비 없는 연설도 귀만 아프지 실속은 하나도 없는 것이다. 그래서 연설은 청중의 요구를 충족시키기 위한 것이므로 충분히 준비하여 연단 위에 서야 한다.

연설 경험이 부족한 사람은 충분히 준비한 원고를 낭독하는 '낭독식 연설'을 하는 것이 안전하며 담화문, 결의문, 성명서, 조사(弔辭) 등은 반드시 낭독해야 한다.

경험이 풍부한 사람은 원고는 충분히 준비하되 원고를 그대로 읽는 형식은 피하고 원고의 줄거리를 요약하거나 순서를 메모하여 원고 없이 하는 '메모식 연설'을 하는 것이 훨씬 효과적이다. 메모식 연설은 원고를 보지 않기 때문에 청중의 반응을 살펴가며 청중과 함께 호흡하며 이야기하게 되므로 즉석 스피치처럼 보인다. 청중에게 자연스럽고 직접 이야기하는 것처럼 들리므로 이해력과 설득력이 훨씬 높아지는 장점이 있다.

2) 연설의 종류와 원고의 특성

연설은 연설하는 목적에 따라 여러 종류로 분류할 수 있다. 어떤 사건이나 경험을 정리하여 알리는 '보고연설', 지식이나 정보를 이해시키는 '설명연설', 자기의 주의나 주장을 설득 공감시키는 '설득연설', 강하게 설득하여 흥분시켜서 판단력을 흐리게 하고 맹목적으로 추종하게 만드는 '선동연설', 어떤 행사를 더욱 뜻있게 진행하기 위한 '식사연설' 등으로 나눈다.

연설의 종류에 따라 원고작성의 형식도 달라져야 한다. 다음은 연설의 종류에 따른 원고 작성의 간단한 설명이다.

보고연설이나 설명연설은 사람을 이해시키는데 그 목적이 있으므로 원고를 작성할 때 정확한 용어를 선택하여야 한다. 추상적인 단어들은 사용하지 말아야 하고 논리적으로 정리하여 시간에 대한 순서, 공간개념에 대한 순서 등을 일관성 있게 정리하는 데 중점을 두어야 한다. 즉 이성에 호소하여 이해하도록 원고를 작성하는 것이 중요하다.

설득연설이나 선동연설은 이성에 호소하는 것이 아니라, 감정을 자극해야 하므로 논리에 치중하기 보다는 말의 수사에 역점을 두어야 한다. 표현이 크고 사실을 확대해야 하므로 강력한 뜻을 가진 단어, 화려하고 격렬한 뜻을 가진 단어들을 골라 원고를 작성해야 한다.

특히 정치연설이나 사상연설에서는 강조화법, 과장화법으로 원고를 작성하여 청중을 움직일 수가 있다. 그렇다고 해서 내용상의 과장을 말하는 것이 아니고 단어사용과 문장구성만을 이야기하는 것이다.

예문

중요한 것→ 가장 중요한 것

효과적→ 대단히 효과적

고통→ 피눈물 나는 고통, 긴장을 에이는 듯한 아픔 등

이러한 표현은 일반 연설에서는 오히려 역효과를 나타내어 유치해지지만 선동연설에서는 이렇게 표현해야만 그 목적을 달성할 수 있다.

식사 스피치의 경우는 격식과 예의를 중요시해야 하므로 인사성이 중요하고 품위 있고 예의바른 단어들을 골라서 엄숙하게 표현되도록 원고를 작성해야 한다.

3) 원고작성의 준비

주제의 선택

원고를 작성할 때 우선 스피치의 상황에 알맞은 목적을 정하고 그 목적에 맞는 주제를 선택해야 한다. 이 주제란 제목(타이틀)은 아니고 이야기 전체의 중요한 줄거리를 말하며 그것이 스피치의 목적과 맞아야만 올바른 주제가 되는 것이다. 일반적인 주제로는 다음과 같은 것이 있다.

경제, 교육, 건강, 환경, 건축, 노동, 정부, 언론, 문화, 예술, 스포츠, 기술, 사회, 범죄, 안전, 습관, 교통, 심리, 과학, 정치, 직업, 산업, 역사, 정치 등

이러한 주제를 선택하되 그 범위를 어디까지 정해야 하는가를 결정해야만 비로소 주제가 구체화될 수 있다. 주제를 결정할 때 반드시 검토해야 할 사항이 있다.

● 현실감이 있는가?

시대적으로 맞고 시사성이 있는 주제이어야 한다. 이미 지나가 버린 사상이나 구시대의 발상을 주제로 삼아서는 안 된다. 현실 감각에 맞는

참신한 주제를 선택해야 한다.

● 설명과 표현이 가능한가?

아무리 좋은 주제를 선택해도 스피치로 표현하기가 어려우면 주제
로서는 가치가 없다. 그래서 설명이 너무 복잡하거나, 포괄적이거나 지
나치게 추상적인 것은 주제로서 적당하지 않다.

● 사회적 가치가 있는가?

스피치의 주제가 인간이 추구하는 가치와 맞는가? 자유, 정의에 입
각한 것인가에 대한 신념과 확신이 있어야 주제가 될 수 있다. 윤리적
으로 문제가 있다든지 일부 국한된 사사로운 것이라면 주제로 선택하
지 않는 것이 좋다.

청중 연구

스피치 원고를 작성하기 위해서는 청중에 관해 알고 있어야 그 청중
에 맞는 준비를 할 수 있는 것이다. 청중 파악은 대단히 그 범위가 넓고
복잡한 사항이어서 많은 시간과 기술적인 연구가 필요하지만 원고작성
을 위한 준비로서는 꼭 알고 있어야 할 몇 가지가 있다.

● 청중의 숫자와 연설에 필요한 시간을 알고 있어야 한다.

청중이 많으면 군중심리가 뒤따르므로 연설을 준비할 때 이론과 논
리 정리에만 치중하지 말고 감정에 호소하는 연설법으로 준비를 해야
한다. 즉 연설에 옷을 잘 입혀 화려하게 연설의 용어를 다듬어야 한다.

청중의 숫자가 적으면 청중 스스로가 잘 판단할 수 있도록 이론적이고 사실적으로 원고를 준비해야 한다.

추상적인 표현을 쓰지 말고 구체적인 표현으로 연설원고를 작성하는 것이 좋다. 연설의 소요시간을 알고 있어야 하는 이유는 그 시간에 알맞은 분량의 원고를 준비하기 위해서이다. 시간에 비해 짧은 원고를 준비하면 제시간을 채우지 못하고 연설은 끝나고 만다. 청중은 나머지 시간에 무료함을 느끼고 연사의 실력을 과소평가하게 된다.

반면에 30분 연설에 1시간짜리 원고를 준비하면 결국 이야기는 한마디도 못하고 우스운 꼴이 되고 만다. 참고로 알고 있어야 할 것은 10분 연설에 200자 원고지 15장 분량을 준비하면 적당하다.

● 최소한의 청중 분석을 사전에 해 두어야 한다.

청중의 수준이 높으면 거기에 맞도록 지적 표현을 많이 써서 준비해야 하고 낮으면 쉬운 말로 알아듣기 쉽게 용어를 준비해야 한다. 청중의 수준의 격차가 반반씩 섞여 있을 경우에는 쉬운 말로 설명하되 내용은 수준이 높은 것으로 선택해야 한다.

또한 젊은층과 노인층이 섞여 있을 경우에는 먼저 노인층이 관심 있는 이야기를 하고 나서 젊은 청년들의 관심사를 중점적으로 이야기하고 다시 노인층에 관해 언급하면서 끝내는 것이 원칙이므로 거기에 맞게 준비를 해야 한다.

남녀가 섞여 있을 때는 남자와 여자의 관심사를 3:1의 비율로 안배하여 이야기하는 것이 효과적이다. 청중의 성향을 파악하여 반대계층이 많을 경우에는 설득과 방어 연설을 동시에 준비한다. 설득할 경우는 공격적으로 선동하여 장내를 완전히 장악해야 하며 방어할 때에는 논리 정연하게 이성에 호소하는 연설을 준비해야 한다.

● **자료 수집**

주제를 선택하고 청중 파악이 끝나면 원고를 작성할 자료수집에 들어가야 한다. 자료수집에는 여러 가지 방법이 있으나 가장 일반적인 방법은 다음과 같다.

① 자기의 생각을 정리한다.

자기의 생활경험, 직업적인 경험, 지식, 취미, 관심 등이 스피치의 주제와 관계된 것이라면 모두 적어 둔다. 그리고 주제와 관련된 자기 자신의 생각을 정리한다.

② 전문가나 경험자를 찾는다.

주제와 관계된 일에 종사하는 사람을 찾아간다. 즉 전문가, 학자, 교수, 경험자를 찾아가서 필요한 질문을 하고, 조언을 듣고, 정리된 자료가 있으면 받아온다.

③ 독서를 통하여 수집한다.

가장 좋은 방법으로서 우선 신문, 잡지, 전문서적들에서 필요한 자료를 수집한다. 갑자기 조사하는 것은 힘든 작업이므로 평소에 정치, 경제, 사회, 문화, 예술, 종교 등으로 중요한 내용을 스크랩해두면 대단히 편리하다. 그러므로 연설을 할 위치에 있는 사람은 여러 가지 신문을 보아야 한다. 그리고 서적도 백과사전을 비롯하여 전문사전, 연감 등을 준비하고 인기 있는 베스트셀러 등은 읽어 보는 것이 좋다. 또한 각종 보고서, 논문집, 통계자료는 반드시 잘 보관해 두어 긴요하게 사용한다.

이와 같은 방법으로 수집한 자료 중에서 정확하고 객관성이 있는 자료만을 다시 정리하여야 한다. 주관적인 입장에서 수집된 자료를 스피치에 응용하면 반대의사를 가진 청중에게 저항감을 가져올 수 있기 때문이다.

말로 표현하기가 어려운 설명이나 확신을 심어 줄 필요가 있는 부분을 위해서는 설명에 필요한 실물이나 모형을 준비하고, 통계나 숫자는 차트를 크게 만들어 준비한다. 신문기사나 유명한 사람이 한 말은 직접 신문을 갖고 나오든지, 적어서 하나하나 읽으면 효과가 있으므로 철저히 준비하여야 한다.

4) 원고 내용의 구성

주제를 효과적으로 전달하기 위해서는 준비한 자료들을 잘 정리하여 연사는 설명하기 좋고 청중은 이해하기 쉽게 내용을 미리 구성해야 한다. 만약 연설원고를 미리 구성해 놓지 않고 준비된 자료만 가지고 연설하게 되면 앞뒤가 바뀌어 일관성 없는 연설이 되기 쉽다.

그러므로 연설원고는 순서적, 단계적으로 구성해야 한다.

서론의 구성

연설은 주제를 전달하는 데 목적이 있다. 아무리 급하다고 해서 처음 시작부터 중요한 문제를 들고 나와 장황하게 이야기를 시작하면 청중은 어리둥절해지고 귀에 잘 들어오지 않게 된다. 식사를 할 때도 처음부터 밥을 떠서 입에 넣으면 체하기 쉽다. 우선 물 한 모금부터 마시고 이것저것 맛을 본 후에 본격적으로 식사를 한다. 운동을 할 때는 반드시 먼저 준비운동을 하고나서 격렬한 운동을 시작한다.

연설을 할 때도 본론에 들어가기 전에 도입부분을 잘 전개해야 한다. 그것을 서론이라고 한다. 로마의 웅변가 키케로(Marcus Tullius Cicero)는 이렇게 말했다. '서론부분은 청중이 연사에 대해 호감을 갖고 그의 스피치에 주목하며 연사의 스피치로부터 영향을 받으려는 마음의 준비를 하도록 하는 역할을 한다.' 이 말에서 보듯이 서론의 전개는 두 가지 면에서 생각해 볼 수 있다.

첫째는 심리적 측면이다. 심리적으로 청중이 연사에 호감을 갖게 해야 하고 연설에 관심을 갖도록 유도해야 한다.

둘째는 논리적 측면이다. 청중이 연설에 흥미를 갖고 들을 준비를 하도록 연설내용에 대한 예비적인 암시나 입문적인 언급이 서론부분에서 나타나야 한다. 다시 말해서 서론은 청중의 호감과 관심을 심리적으로 자극해야 하고 흥미와 준비를 논리적으로 전달해야 한다.

● 심리적인 측면
가. 예기치 않았던 말로 시작한다.

아침뉴스나 신문기사 또는 정보가 될 만한 이야기나 자기의 과거경험 등으로 첫말을 시작한다.

나. 유머로 시작한다.

연설장에 오면서 겪었던 일이나 연설장내의 분위기 또는 사회를 풍자하는 유머 등 엉뚱한 이야기 같지만 연설의 주제와 연관이 있는 것을 골라 사용한다.

다. 자극적인 인용어를 사용한다.

책에서 인용하든지 유명한 사람의 말을 인용하든지 놀랍고 짤막한 말로 시작한다. 격언이나 속담을 인용해도 좋다.

라. 간단한 질문으로 시작한다.

이 경우 질문내용이 건전하고 긍정적인 내용이어야 하고 청중의 자존심을 건드리는 내용은 피해야 한다. 질문의 대답을 구하는 것이 아니므로 질문을 던지고서 생각할 기회를 주고 그 대답은 연사가 하든지 스피치 내용에서 해결하도록 한다.

이 외에도 여러 가지 방법이 있겠지만 훌륭한 많은 연설가들은 이 방법을 쓰고 있다. 일반인들이 이용하는데 있어서의 문제는 얼마나 적절한 내용이냐 하는 것이다.

● 논리적인 측면

가. 주제의 중요성을 말한다.

말하려고 하는 주제가 일반인에게도 필요하고 더 나아가 청중 개개인에게 많은 도움이 될 것이라고 확신을 가지고 밝힌다. '시대에 부응하는 주제다' '건강관리의 새로운 정보다' '생활향상에 도움이 된다' '돈을 많이 벌 수 있다' 등의 방향으로 암시를 준다.

나. 연설의 요점을 미리 밝힌다.

책으로 말하면 목차와 같이 오늘 할 연설을 (1) ……에 대해서 (2) ……에 대해서 이야기하겠다는 것을 서론에서 밝힌다. 그렇게 할 때 청중은 들을 준비를 갖추고 되고 어느 정도 정보를 알고 들으므로 이해가 빠르다. 이익단체나 조합 등에서는 이렇게 미리 요점을 밝혀 주면 대단히 관심을 갖게 되므로 이 방법이 가장 좋다.

다. 필요한 배경을 설명한다.

이러한 주제를 선택한 이유는 무엇인가를 말하고 이런 연설을 하게 된 배경을 설명한다. 그래야 스피치의 중요성을 이해하고 더욱 관심을 집중하게 된다. 또한 때로는 스피치 주제의 의미나 현재의 중요성을 이해하도록 주제와 관련된 이전의 사건 경위를 얼마간 설명해 주는 것도 필요할 때가 있다.

본론의 구성

스피치의 목적을 정하고 필요한 자료를 수집한 다음에는 곧 원고의 초고를 작성해야 한다. 초고란 연설의 대략적인 줄거리로써 그림을 그릴 때의 구도를 잡는 것과 흡사하다. 모든 연설은 서론, 본론, 결론으로 구성되어 있지만 연설원고는 본론부터 구성하는 것이 원칙으로 되어 있다. 왜냐하면 스피치에서 서론부분은 10% 정도의 분량을 차지하고 결론부분은 5% 정도인데 반하여 본론부분이 80-85%의 시간과 분량을 차지하기 때문이다.

스피치의 중요한 내용은 이 본론부분에서 전달되는 것이며 스피치의 중요한 핵심이기 때문에 본론부터 원고를 구성하는 것이 올바른 방법인 것이다.

● 초고작성의 요령

초고는 스피치를 성공적으로 행하는데 있어서 누구에게나 필요한 기초 과정이다. 우선 내용을 ①구성하고, ②조직하고, ③체계화하는 것은 꼭 거쳐야 하는 원고작성의 실용적인 방법이기 때문이다. 초고를 작성할 때는 먼저 스피치를 통해 전달하려고 하는 중요한 사상이나 내용을 적어 놓고 그것을 어떻게 전개할까를 생각한다. 간단한 방법으로 일관성 있게 전개할까, 아니면 2항목 3항목 5항목으로 나누어 설명할까를 정한다.

이때 5항목 이상으로 나누는 것은 좋지 않다. 너무 복잡하고 청중도 다 기억하기가 어렵기 때문이다. 2항목이나 3항목이 가장 짜임새가 있으며 설명하기도 간편하고 이해하기도 좋은 전개법(展開法)이다.

이렇게 각 항목으로 분류해 놓고 하나의 항목마다 다시 세분하여 2-3개의 세분된 항목으로 나누어 설명하는 형식으로 각 항목을 설명해 나간다. 한 그루의 나무를 상상해 보면 쉽게 알 수 있다. 나무는 우선 큰 줄기가 있다. 그 줄기에서 가지가 퍼져 나가고 그 가지에서 다시 작은 곁가지가 생기고 곁가지는 다시 작은 가지로 퍼지면서 잎이 무성하게 달려있다. 그런 구성으로 하나의 나무가 형성되어 있는 것처럼 본론의 전개에서도 나무의 큰 줄기는 주제에 해당하고 가지는 주제를 뒷받침하는 화제에 해당한다. 다시 퍼져 나간 곁가지는 화제를 구성하는 소재이고 잊은 언어를 구성하는 말인 것이다.

한 권의 책이 어떻게 구성되어 있는가를 생각해 보면 더욱 쉽게 이해할 수 있다. 우선 주제에 해당하는 책의 제목이 있고 목차를 펴보면 그 제목이 주는 뜻을 설명하기 위하여 Ⅰ, Ⅱ, Ⅲ으로 항목이 나누어지고 각 항목은 다시 1, 2, 3으로 분류되고 1, 2, 3 안에는 다시 ①, ②, ③으로 ①, ②, ③은 다시 ㉠, ㉡, ㉢이나 ⓐ, ⓑ, ⓒ로 나누어져서 하나하나의 설명을 충실하게 한다. 그러면서 그 내용들은 서로 독립되었으나 연관성이 있고 전체적으로는 하나의 사상을 설명하기 위하여 통일성을 갖추고 있어서 한 권의 훌륭한 책이 되는 것처럼 연설의 본론도 이러한 방법으로 구성해 나가야 한다.

● 각 항목 분류 방법

처음에는 수집한 자료들을 전부 열거해 놓는다. 보통 20개 이상 4-50개 정도의 화제들을 분리해서 정리한다. 물론 그 이상이나 이하가 될 수도 있다. 이러한 분리된 항목 중에서 2개 내지 5개 정도의 중요한 내용을 골라낸다. 물론 전달하려는 스피치의 중심사상과 연관이 있는 것이어야 한다. 이 선택한 항목들을 다시 한두 가지 방법으로 설명할 수 있다는 생각을 떠올린다. 그 생각을 각각의 항목으로 삼아 적어 둔다.

또는 반대로 정리된 20개 이상의 전체 자료들을 서로 연관시켜보면 반드시 2-3개 항목을 하나로 묶을 수가 있다. 이것들을 하나로 묶었을 때 한 마디로 표현할 수 있는 말이 떠오른다. 그것이 큰 항목이 되고 묶인 자료는 작은 항목이 된다.

또 다른 방법은 수집하여 열거해 놓은 자료들을 비교 검토에 보면 반드시 중요도에서 차이가 난다. 비중이 큰 항목 밑에 비중이 작은 항목들을 연관성 있게 정리하여 종속시킨다. 이렇게 하면 큰 항목이 생기고 그것을 뒷받침하는 종속된 항목들이 생겨난다.

● 항목 선택의 기준

주제를 효과적으로 설명하기 위하여 주제의 사상을 분류하여 각 항목을 선택할 때에는 몇 가지 기준이 있다.

① 각 항목이 서로 분리되고 독립된 화제여야 한다. 그러나 연관성 내지 접근성이 있는 생각들이어야 한다.

② 각 항목이 서로 같은 정도의 중요도가 있어야 한다. 만일 그렇지 못하면 독립된 항목이 될 수 없고 종속된 작은 항목밖에 되지 못하므로 설명의 균형이 무너지게 된다. 그러므로 각 항목을 비교적 같은 정도의 지위를 가진 화제들로 선택해야 한다.

③ 각 항목은 유사한 문장구조를 갖추어야 한다. 한 항목은 간단한 명사로 되어 있고 다른 항목은 긴 문장으로 되어 있으면 청중이 간추려 이해하기가 어렵다. 각 항목의 문장이 비슷해야 연설자도 기억하기에 좋고 청중도 이해하기가 편한 것이다.

결론의 구성

결론은 전체 스피치 시간의 5% 정도밖에 차지하지 않지만 스피치의 중요한 내용 즉 본론에서 전개했던 핵심적인 사상을 증대시키느냐 감소시키느냐 하는 중요한 기능을 가지고 있다. 결론 전개를 잘못하면 그때까지 열성껏 했던 모든 스피치가 빛을 잃어버리게 된다. 그러나 멋진 결론을 연출하면 그 연설은 살아서 청중의 마음속에 오래도록 남아 있게 된다. 그래서 연사는 서론에 신경을 쓰는 것만큼 결론 전개에도 많은 연구를 해야 한다. 결론을 전개하는데도 반드시 지켜야 할 몇 가지 원칙이 있다.

● 질질 끌지 않는다.

준비한 말을 모두 다 하고 난 뒤에는 간명하게 끝을 내야 한다. '결론적으로 말씀드리면……' 하는 식의 말을 두세 번 반복한다든지 '끝으로 다시 한 번 말씀드리면……' 하는 식은 청중을 식상하게 한다.

● 새로운 논점을 제시하지 않는다.

연설의 본론부분에서 생각이 나지 않았다든지 시간 관계상 할 말을 다 못했다고 해도 끝낼 시간이면 그만 생략해야 한다. 중요한 내용이 끝마무리에서 생각났다고 해서 새로 시작하게 되면 아직까지 했던 연설도 그 가치를 잃게 된다.

● 변명하지 않는다.

잘했든 잘못했든 연설은 이미 끝나는 것이다. 그런데 결론 부분에서 준비를 충분히 못했다든지, 보잘 것 없는 내용을 들어주어 감사하다든지 하는 말은 안하는 것이 좋다.

● 갑자기 끝내지 않는다.

끝맺음이 명쾌해야 한다는 것을 의식한 나머지 본론설명이 끝나자

마자 마치 무슨 급한 일이 생긴 듯 갑자기 중단해 버리면 청중은 듣다가 만 기분이 된다.

결론 전개는 청중이 '이제 결론부분으로 들어섰구나!' 하고 생각하고 들을 수 있도록 하고 타이밍을 맞추어 끝내야 한다.

결론 전개의 방법

① 스피치의 중요한 사항들을 다시 열거하면서 끝낸다. 즉 서론에서 예시했고 암시를 주었던 것을 완성하면서 끝낸다.

② 스피치 주제를 간명하게 표현할 수 있는 예화나 역사적인 사건, 명화의 한 장면 등을 소개하면서 끝낸다.

③ 청중의 주목을 잃지 않으며 끝낸다. 즉 처음 등단했을 때의 긴장감과 정중한 태도를 끝까지 지켜서 태도의 흐트러짐 없이 절도 있게 끝낸다.

5) 스피치의 구성요건

스피치의 효과를 보기 위해서는 구성요건을 알아야 한다. 이 요건을 충족하지 않으면 그 스피치는 어느 시점부터 원만하게 진행되지 못한다.

과제(연제·제목·타이틀)를 의식한다

대게 스피치를 하는 경우에는 과제나 제목을 사전에 부여받는 경우가 많다. 'ㅇ에 대하여' '직장의 인간관계' 혹은 'ㅇㅇ운동의 활동상황' 등 스피치를 요구하는 쪽에서 부여하게 된다.

이는 강연 전에 모임 담당자나 주최자가 주는 것이 일반적이지만, '이러이러한 내용에 대해 강연해주기 바란다'라고 희망을 말하는 경우도 있다. 그런 때는 연사 쪽에서 먼저 "이런 제목으로 할까요?"라고 제안하는 것도 좋다.

때로는 과제가 추상적이거나 지나치게 개략적인 경우도 있다. 단적인 경우에는 그저 '인사 한마디'라고 부탁하는 일도 있다. 그런 경우에는 그 모임의 목적 등을 생각하여 포괄적인 내용을 제시해야 한다.

● 주제를 결정한다

주제란 스피치의 최종적인 요점으로 스피치 전체의 결론이기도 하다. 소위 테마라고 한다. 우리가 사람들 앞에 설 때 구체적인 주제가 강연 제목이 되어 그대로 부여되는 경우도 있다. 예를 들면 '인간관계는 화술이 좌우한다', '인간은 언어의 채찍으로 단련된 동물이다' 같은 식이다. 그러나 '○○에 대하여' '○○의 감상을' 하는 식으로 추상적인 제목을 받게 되는 일도 있다. 추상적이고 개략적인 제목만 제시될 때는 직접 주제를 분명하게 정해서 말할 필요가 있다. 일반적으로 '○○에 대하여'라는 제목은 상당히 추상도가 높은 말로 범위가 매우 넓다. 따라서 그 ○○속에 내재한 어떤 면을 어떻게 강하게 이끌어낼 것인지가 주제를 명확하게 하는 데 중요하다.

많은 사람들은 주제를 강연제목이나 과제와 혼동한다. 주제란 스피치하는 사람 자신이 가지고 있는 강연내용에 대한 중심사상이다. 스피치 전체의 최종적인 요점이란 점을 분명하게 인식해야 한다. 다른 말로 하면 '한마디로 하면 무엇을 말하고 싶습니까?'라는 질문의 '무엇'에 해당되는 것이 주제라고 생각하면 된다.

● 시점을 분명히 한다(기둥을 세운다)

스피치를 하려면 인간이라는 상대가 있어야 한다. 그 자리의 청중에게 맞는 스피치가 아니라면 효과적인 스피치가 못된다. 예를 들면, 자신의 말을 들어줄 청중이 직장의 후배인지, 상사를 포함한 간부인지, 거래처의 영업사원인지를 인식할 필요가 있다.

그와 동시에 그 청중에게 어떤 시점, 어떤 각도에서 말해야 할지 스피치 전체를 관통하는 확고한 하나의 사상이 없다면 스피치 전체의 내용이 모호해져 버린다. 이 사상을 '기둥'이라고 한다. 일상 속의 잡담이라면 굳이 이 '기둥'을 세워 긴 시간 동안 이야기하지 않겠지만 스피치의 경우에는 반드시 이것에 입각해서 해야 한다.

기둥을 세울 때는 스피치의 목적, 내용, 주제, 청중의 직업, 지위, 입장, 역할, 성별, 나이 등 여러 가지 요소를 생각하여 결정해야 한다. 요점을 벗어난 이야기나 조리 없는 이야기로 초점이 흐려지는 경우는 큰 기둥을 잘못 세웠거나 중간에 '기둥'을 바꾸는 데서 발생하는 경우가 많다. 따라서 스피치를 할 때의 입장을 명확히 하여 흔들림 없는 기둥을 두고 말한다면 신념을 잘 나타내어 이야기할 수 있다.

또한 큰 기둥을 몇 개씩 둔다면 스피치 전체가 통일되지 못하고 혼란만 초래할 뿐이다. 한 이야기에는 하나의 큰 기둥만 두는 것이 원칙이다.

● 적절한 화제로 주제를 보강한다

주제를 확정하고 기둥을 세웠어도 주제를 뒷받침할 화제가 있어야 한다. 그때의 목적을 보강할 수 있는 예가 적절하지 못하면 청중의 머리를 혼란하게 만들어 효과를 높일 수 없다. 주제를 결정했다면, 그것을 뒷받침하고 강화하기 위한 화제의 선택 또한 중요한 작업이다. 이에 실패하면 청중은 '저 얘기가 왜 나오는 걸까?' 하고 의문을 갖거나 결국에는 흥미 자체를 잃게 된다.

화제 중에는 스피치 전체의 주제와 직접 연관되는 것도 있지만 그 외에도 그때그때의 부분적인 목적을 달성하기 위한 것도 있다. 이 화제가 청중과 주제, 나아가 스피치의 목적에 부합하는 적절한 것이라면 효과적인 스피치가 되겠지만, 억지로 갖다 붙이거나 요점이 빗나간 것을 선택한다면 효과를 반감시키거나 이야기한 의미 자체가 완전히 사라지는 일조차 있을 수 있다. 직장에서의 스피치라면 선배들의 실패담이나 성공담 등을 섞어서 말하면 효과적이다. 왜냐하면 그것들은 청중에게 매우 친숙하며 관계 깊은 내용이기 때문이다. 말하는 사람이 목적에 맞는 화제를 선택하기 위해서는 넓은 범위에 걸쳐 스피치의 재료를 보다 풍부하게 갖추는 일이 전제가 되어야 한다. 화제 선택 시 그것이 스피치의 목적에 부합해야 하는 것은 당연한 것이지만 나아가 다음의 두 가지 점에 주의하여 선택하도록 하자.

① 상대방이 흥미 있어 하는 화제
② 상대방이 알기 쉬운 친숙한 화제

어느 쪽이든 적절한 화제를 선택하고자 하는 연사의 배려가 필요함은 말할 것도 없다.

청중의 특징

청중의 특징이란 듣는 각 사람이 개인적으로 가지고 있는 성질을 말한다. 연사는 그 자리에서 청중이 과연 어떤 사람인지 각각 지니고 있는 특징을 파악하여 그에 가장 부합하는 기준을 결정해야 한다. 구체적으로는 다음과 같다.

● 무엇을 듣고자 하는지를 파악한다

지금 청중이 무엇을 원하고 있는지에 대해 사전조사는 물론 질문이나 표정, 태도 등 여러 가지 수단을 통하여 듣고자 하는 내용을 파악하도록 한다.

① 모임의 목적은 무엇인지 파악한다.

② 참가자의 보편적인 흥미가 무엇인지 안다.

③ 이 과제를 낸 배경이 무엇인지 안다.

④ 참가자들이 지금까지 같은 종류의 이야기를 들은 적이 있는지 등을 안다.

● 이해력이 어느 정도인지를 안다

아무리 좋은 이야기를 해도 청중이 이해하지 못한다면 의미가 없다.

청중의 평균학력은 어느 정도인지, 스피치를 하는 내용에 얼마나 흥미를 가지고 있는지를 정확하게 파악하여 이야기한다.

● 입장을 생각한다

스피치를 듣는 사람이 회사 내의 사원인지, 임원인지 혹은 특약점의 종업원인지, 기타 고객인지 등을 파악한다.

● 청중의 소속을 안다

청중의 특징은 지금까지 예를 든 것 외에도 다음과 같은 것이 있다.

① 나이·성별을 생각한다 - 나이가 자신보다 위인지 아래인지 등을 안다.

② 직업을 생각한다 - 사무직과 기술직은 흥미를 갖는 포인트가 다르다.

③ 지역성을 생각한다 - 지역에도 각각의 특징이 있다.

"아무리 연설 경험이 많고 또 연설에 자신감을 가진 사람이라 할지라도 즉흥연설은 하지 않는 것이 좋다. 연설은 청중을 위해서 하는 것이지 연사 자신을 위해서 하는 것이 아니기 때문에 청중을 위해서 충분한 준비를 해서 연단에 서는 것이 청중에 대한 예의이다. "

Part 4.
강사
강연자로서의
대중
스피치

Part4

스피치를 하는 일은 청중이 응하도록 만들고 어떤 영향을 주어 최종적으로는 그들을 움직이게 만드는 일이다. 이를 통해 청중뿐 아니라 그들에게 영향을 주는 강사 자신도 변화한다. 강사와 수강생, 강연자와 청중은 현상적으로는 대립하지만 본질적으로는 서로 영향을 미치는 하나의 통일체라고 생각할 수 있다.

강연이나 강의는 항상 높은 자리에 서 있는 강사가 낮은 자리에 있는 수강생을 변화시키는 일방적이고 수직적인 것이 아니다. 강사 자신도 스스로 변해야 한다는 자각이야말로 가장 필요하고 기본적인 마음가짐이라고 할 수 있다. 또한 스피치에는 나름대로의 큰 목표가 있게 마련이므로 중간의 사소한 문제는 참고 넘어갈 줄 알아야 한다. 작은 일은 용인하는 관대함이 필요한 것이다. 지금부터 강사(강연자)가 지녀야 할 자질과 조건 그리고 노력해야 할 목표 등에 대하여 생각해 보기로 하자.

1) 강사의 노력과 마음가짐

어떤 것에 대해 말하기를 원하는 것과 실제로 효과적으로 말하는 것과는 상당한 차이가 있다. 오랫동안 어떤 일을 해 왔으므로 그 일에 대해서는 자신 있게 이야기할 수 있을 것이라고 안이하게 생각하는 사람이 의외로 많다. 하지만 스피치를 한다는 것은 그렇게 간단한 것은 아니다. 머리로 생각한 내용이 구체적인 스피치가 되기까지는 여러 관문을 돌파해야 한다. 스피치의 힘은 머리와 몸이 잘 조화되었을 때 비로소 바람직한 형태로 발휘될 수 있다.

강사의 자질

스피치는 지식이고 행동이며 그리고 이상이다. 강사를 하기 위해서는 가장 먼저 강사 자신의 자질이 무엇인가를 생각해야 한다. 이상적인 강사의 자질이란 어떤 것일까?

① 앞을 내다보는 선견지명이 있어야 한다. 어떤 일을 통해 그 뒤의 일을 올바로 예측하고 미래를 내다볼 수 있는 힘이 필요하다.
② 모든 일에 강한 호기심을 가질 수 있는 자질도 필요한 조건이다.
③ 뛰어난 기획력은 스피치 내용의 소재 선택과 스피치 구성에도 큰 영향을 미친다.
④ 상상력과 창조성은 과제와 제목에 대한 접근 방법, 어떻게 주제를 풀어갈 것인지에 대해 그리고 이야기의 정리 등에 발휘한다.

⑤ 뛰어난 기능은 앞에서도 여러 번 말한 바와 같다.

그러나 이런 자질을 완벽하게 갖춘 사람은 세상에 없다. 이것에 가까운 사람이 바람직하다는 것이다. 강사들은 위의 내용에 가까워질 수 있도록 노력해야 한다는 의미이다.

수강생(청중)에게 배운다

스피치란 어떤 일에 대한 그 사람의 생각을 표현하는 것이다. 수강생은 그것을 받아들여 이해하고 그것을 그대로 해석하게 된다. 그러나 이것만으로 강의가 성공적이라고 할 수 있을까, 실제로는 그렇지만은 않다. 왜냐하면 청중이 정말로 강연자의 이야기를 제대로 이해하고 있는지 그리고 그 이야기의 수준을 쫓아올 수 있는지에 따라 강의의 성공 여부는 달라지기 때문이다. 스피치를 하는 사람은 이것을 충분히 느끼고 있어야만 한다. 내용은 물론 듣는 사람이 어떤 생각을 가지고 어떤 입장에 있는지 다양한 면에서 알고 있어야 한다. 그리고 그에 대한 올바른 대응을 요구받고 그에 따라 강의해야 하는 것이다. 이를 가능하게 하기 위해서는 항상 수강생들에게 배운다는 자세를 지니고 있어야 한다.

강연자는 청중의 지도를 받음으로써 올바른 대응을 할 수 있다. 수강생과 청중을 보는 눈, 빈틈없는 안목과 그에 대한 뛰어난 대응은 좋은 강연자의 조건이 된다. 이는 스피치하기 전이나 스피치를 하는 도중, 그리고 스피치를 다 끝낸 후 언제라도 발생할 수 있는 강사(강연자)에 대한 날카롭고 가차 없는 요구이기도 하다.

방향을 바꾸어 공부해 본다

강의를 하기 위해서 강의를 듣는 수동적인 공부는 자의적으로 해석하여 받아들이는 방법이므로 아무래도 한계가 있다. 이 사실을 자각하고 벽을 부수기 위해서는 스스로 직접 강의를 해 보아야 한다. 아무리 이론을 잘 알고 있어도 가르쳐주는 데만 의지하고 있으면 이 두꺼운 벽을 무너뜨릴 수 없다. 천릿길도 한 걸음부터 시작된다. 칠판을 뒤로 하고 가르치는 입장에 서 보자.

게으름과 방심을 조심하자

'필요한 때, 필요한 일을, 필요한 만큼, 그리고 필요한 방법으로' 라는 표현은 추상적인 것 같지만 스피치할 때 반드시 마음에 새겨 두어야 할 내용이다.

강사의 게으름이 커다란 문제로 발전하는 경우가 흔히 있다. 그것도 작은 게으름과 방심에서 발생하는 경우가 많다. '거기까지 말하지 않아도 수강생들이 알아듣겠지', 혹은 '귀찮으니까 여기까지' '나중에 얘기하면 되겠지' 라는 식의 게으름이 생각지도 못한 사태로 발전한다. 강사는 언제나 작은 게으름이 불러일으키는 본의 아닌 사태에 주의해야 한다.

2) 유능한 강사의 조건

지금까지 강사가 지녀야 할 자질과 마음가짐에 대해 이야기했는데 유능한 강사가 구비해야 할 조건을 구체적으로 들어보면 다음과 같다.

전문지식과 경험을 풍부하게 가지고 있을 것

내용에 대해 이야기할 수 있을 만큼의 충분한 지식과 경험을 가지고 있어야 한다. 그렇지 않으면 스피치의 맛이 흐려진다. 또한 실제 경험이 없으면 스피치에 김이 빠진다.

바꿔 말하면 직접적인 체험을 통한 스피치야말로 강력한 스피치가 될 수 있다는 뜻이다.

가르치는 기술이 있을 것

가르치는 기술이 있어야 한다. 지식이 곧 가르치는 능력이라고 할 수는 없다. 그 지식을 상대방에게 맞게 이해시킬 수 있는 가르치는 기술이 필요하다. 그렇지 않으면 오해를 사거나 올바른 이해를 얻지 못한 채 끝나버린다. 그런 의미에서 스피치를 하는 힘과 듣는 힘을 익힐 필요가 있다.

변화에 신속하게 적응할 수 있을 것

변화에 적응하는 능력이 필요하다. 강사가 한 마디를 하는 순간 그 자리의 상황이 변하기 때문이다. 그렇지 않더라도 시간이 흐르면 상대방은 차츰 변하게 된다. 강연할 때는 돌발적인 사건으로 인해 예상치 못했던 급격한 변화가 일어나는 경우가 흔하다.

예를 들면 갑자기 의외의 질문이 날아오기도 하고, 반대의견을 주장하면서 양보하지 않는 사람이 나타나기도 한다. 그리고 강의가 시작된 뒤에 회장(會場)에 들어오는 사람이 나타나기도 하고 호출이 오기도 한다. 때로는 주최자가 서비스라며 커피 등을 돌리기도 한다. 또한 갑작스럽게 환자가 발생하는 경우도 있다. 이렇듯 유동적인 수강생에 적절하게 대응할 수 있는 유연한 적응능력이 있어야 한다. 즉 문제에 즉각 답할 수 있는 풍부한 적응력이 필요하다.

평가의 척도를 가질 것

사물을 평가하는 올바른 척도를 가져야 한다. 강사의 임무에는 수강생이 가진 잠재력을 깨우는 일도 있다. 그러기 위해서는 먼저 수강생 한 사람 한 사람을 평가할 수 있어야 하며 그에 따른 평가의 기준을 가지고 있어야 한다. 그런 의미에서 강사 나름의 평가의 척도를 가지고 있는 것은 중요하다.

강사 자신이 정열을 가질 것

열정을 가져야 한다는 것은 무슨 일에서나 마찬가지다. 열의 없는 강사의 스피치는 수면제는 될 수 있어도 수강생의 잠재력을 이끌어내기는 힘들다. 자신이 먼저 불타오르지 않고 수강생이 불타오르기를 바랄 수는 없다. 그렇다면 강사의 열정을 이끌어내는 에너지는 어디서 나오는 것일까? 먼저 강사 스스로가 스피치의 내용과 자신의 일에서 의의를 찾아 사명감을 가져야 한다. 그리고 그것을 달성하고자 하는 강한 목적의식을 가지고 행동해야 한다.

좋은 인간관계를 만들 수 있을 것

강사에게는 좋은 인간관계를 만드는 능력이 있어야 한다. 강의나 강연 자리에서 스피치와 청취가 잘 이뤄지기 위해서는 나름대로의 토양이 필요하다. 그 기반이 있어야만 비로소 수강생과의 교류가 가능해지는 것이다. 그것은 인간관계를 의미하며 좋은 인간관계를 만드는 능력은 스피치하는 사람이 구비해야 할 절대 조건 중 한 가지다.

3) 강사가 성장하기 위한 조건

강사의 성장을 저해하는 요인은 무엇인가? 여러 가지 해답이 있을 수 있다. 그중의 한 가지로 강의에 대한 강사의 자신감 결여다. 불안감, 수치심, 공포, 열등감 등은 모두 자신감을 잃게 만드는 것이다. 그렇다면 이것들을 없애고 지신 있게 스피치하려면 강사는 어떻게 해야 할 것인가? 강사의 스피치 능력을 향상시키기고 자신감을 얻기 위한 조건을 항목별로 들어보면 다음과 같다.

유능한 강사의 조건을 알 것

실천력·통솔력·교화력 등 유능한 강사가 갖춰야 할 기본적인 능력과 함께 화술의 조건과 기술에 이르는 여러 가지 구체적인 방법을 알고 이에 대한 수련을 게을리 하지 말아야 한다.

자신의 성격을 파악할 것

적극적인지 소극적인지, 밝은 편인지 어두운 편인지, 논리적인 면이 특기인지 정적인 분위기파인지 등 자신의 성격을 파악하고 평소부터 가급적 마이너스적인 면을 극복하기 위해 노력해야 한다.

자신의 장점을 알고 키울 것

목소리가 명료하고 듣기가 좋으면 수강생의 피로를 줄일 수 있으며, 조리 있게 이야기를 잘하면 체계적으로 들려줄 수 있다. 자신이 분위기 파라면 감성을 자극하는 이야기나 구체적인 예를 많이 넣어 스피치하면 좋은 결과가 있을 수 있다. 모두가 각자의 특징을 가지고 있을 것이다. 필요 이상으로 의기소침해지지 말고 당당하게 자신의 좋은 면을 드러내 자신의 특징을 더욱 잘 살려내도록 노력해야 한다.

자신의 결점을 알고 개선에 노력할 것

조리 있게 이야기는 하지만 표현력이 부족한 사람이 있다. 즉 손에 잡힐 듯한 묘사, 그 자리에 있는 듯한 기분으로 만들어주는 현장감 넘치는 스피치를 자신없어 하는 사람도 있다. 이런 결점들은 충분히 극복해가면서 스피치 능력을 종합적으로 기를 수 있다.

다른 강사들을 관찰하고 좋은 점을 배운다

다른 사람을 관찰함으로써 자신을 간접적으로 볼 수 있다. 본인의 스피치할 때의 문제점을 다른 사람의 스피치를 관찰하여 구체적으로 '어떻게 하면 좋을 것 같다' 하는 파악할 수 있다. 다른 사람과의 만남은 말하자면 그것을 통한 자기 자신과의 만남이다.

자신에게 맞는 특정사항에 전념할 것

가끔은 팔방미인도 있지만 사람의 능력에도 제각기 한계가 있다. 모든 일에 똑같이 힘을 배분하기란 어려운 일이다. 강사는 많은 면에서 항상 평균 이상의 선을 유지해야 하지만 모든 일에 뛰어난 사람은 혜택 받은 몇몇 뿐이다. 일반적으로는 일단 자신에게 어울리는 것, 자신이 좋아하는 것, 자신 있는 것에 몰두해야 한다. 적성을 살려야 한다. 그것은 똑같은 노력을 기울인 경우 적성에 맞지 않는 일에 매달리는 것보다 훨씬 결과가 좋다. 따라서 자신이 어떤 분야에서 최고의 승부를 할 수 있는지를 하루빨리 찾아내도록 해야 한다.

동료의 어드바이스를 받을 것

사람은 자기도 모르는 면을 지니고 있다. 즉 다른 사람들은 알고 있지만 자신은 미처 깨닫지 못하고 있는 면이 있다. 그것을 지적해 줄 동료나 아픈 곳을 찔러 주는 충고자를 주변에 가지고 있어야 한다. 그렇지 않으면 강사 자리에 안주하여 교만에 빠지기 쉽다. 그렇게 되면 그 피해는 청중에게 돌아간다.

동료의 협력을 얻을 것

앞에 설명한 어드바이스 역시 넓은 의미에서는 이에 포함된다. 자신의 힘으로는 부족한 부분이나 자신 없는 부분은 도움을 받을 필요가 있다. 모든 일에 완벽한 사람은 없다. 동료가 가진 좋은 점은 도움을 받아야 한다.

끊임없이 노력할 것

기능을 수반하는 것들은 몸에 완전히 배도록 하기 위해서는 반복과 축적이 필요하다. 많은 연습은 좋은 강의를 하기 위한 기능을 몸으로 체득하고 정착화시키기 위한 절대조건이다. 스피치할 기회가 생기면 다양한 상황에서 용감하게 도전해 보자. 의식적인 실천은 훗날의 비약을 위한 중요한 토대가 된다.

Part5.
당신도
스피치를
잘 할 수
있다

Part5

어떤 스피치가 청중의 머리 위로 덧없이 흘러가 버린다면 그것은 연구와 노력이 부족했다는 뜻이다. 그것의 가장 큰 원인은, 연사 자신도 아무 감동을 못 느낄 만큼 소재가 지나치게 식상한 것이었거나 신선함이 부족했기 때문은 아닐까? 그런 경우가 의외로 많다.

사람은 각자의 인생 속에서 때때로 훗날 그리움으로 간직되기도 하고 힘들 때 판단기준이 되기도 하는 강렬한 사건을 만나게 된다. 당신이 지금까지 살아온 인생 속에서 보고 듣고 읽고 시도했던 일 가운데 마음이 움직이고 뇌리에 강하게 새겨졌던 많은 해후의 궤적을 떠올려 보기 바란다. 인생의 무대에서 사라져버린 사람에 대한 애착, 좋은 구절과의 만남, 사건과의 만남, 자연 풍경과의 만남 등 매우 다양하다. 스피치를 잘 하고자 하는 마음을 강하게 의식하고 있다면, 그중에서 '이거다' 싶은 것들을 몇 가지 포착할 수 있을 것이다. 당신의 인생 속에서는 평범한 사건일지라도 다른 사람에게는 훌륭한 관심사가 될 수도 있다. 스피치는 당신 자신의 얼굴이자 이력서이다. 그것을 솔직하게 말하면 된다.

그렇게 하면 당신도 강사로서 멋진 스피치를 할 수 있을 것이다.

1) 좋은 스피치와 뛰어난 연사

자신은 말주변이 없어서 스피치에는 별 재능이 없다고 생각하는 사람들이 많다. 그러나 말주변이나 유창함은 좋은 연사의 필요조건도 충분조건도 아니다. 링컨 대통령은 유창한 연사 중에 하나였다. 그러나 그가 스피치 역사에 길이 남은 것은 그의 유창함 때문이 아니라, 진솔한 마음가짐으로 정곡을 찌르는 내용을 명쾌하고 간결하게 전달할 수 있는 능력을 가지고 있었기 때문이다.

사람은 누구나 다 말 잘하는 사람, 즉 뛰어난 연사가 되고 싶어 한다. 앞 장에서 강조한 바와 같이, 스피치란 자신의 소신과 비전 그리고 전문성을 보여줌으로써 자신의 능력을 돋보이게 할 수 있는 좋은 기회이다. 정치인의 경우, 연설은 평소 친분이 없던 유권자들과 공식적으로 대면할 수 있는 기회가 된다. 이 기회를 놓치지 않고 유권자의 마음을 움직이는 좋은 연설을 하게 되면 그들의 지지를 확보하는 데 큰 도움이 될 것은 명백한 일이다.

회사원이나 학생의 경우, 프레젠테이션은 평소 자신의 능력을 잘 알지 못하는 상사나 동료, 교수나 학우들에게 자신을 알릴 수 있는 절호의 기회이다. 이런 기회에 알차고 멋들어진 프레젠테이션을 해내면 좋은 평가는 따 놓은 당상이나 다름없다.

그러나 뛰어난 연사가 되고자 하는 소망은 그저 패기와 의욕만으로 이루어지는 것은 아니다. 이 꿈을 실현하기 위해서는 어떠한 스피치가 청중의 마음을 사로잡는 좋은 스피치인가를 알아야 하며, 치밀한 준비와 꾸준한 연습을 통해 이런 스피치를 해 낼 수 있는 능력을 길러야 한다. 이 장에서는 우선 좋은 스피치의 조건과 좋은 스피치를 해낼 수 있는 뛰어난 연사의 자질을 알아보기로 하자.

2) 좋은 스피치의 조건

우리는 흔히 청산유수와 같이 유창하게 쏟아지는 연설을 좋은 연설이라고 생각한다. 물론 막힘이 없이 유창하게 흘러가는 달변이 자꾸만 더듬거리는 눌변보다야 나은 것은 사실이다.

그러나 유창함 자체만으로 좋은 스피치가 이루어지는 것은 결코 아니며 좋은 스피치를 하기 위해서 반드시 유창하여야 하는 것도 아니다. 바꾸어 말하면 유창함은 좋은 스피치의 충분조건도 필요조건도 아니다.

스피치는 우선 내용 자체가 진실하고도 적절해야 한다. 그리고 이러한 내용이 명쾌하고 간결한 방식으로 자연스럽게 전달될 때 청중의 마음을 움직일 수 있는 좋은 스피치가 탄생되는 것이다.

스피치는 진실해야 한다

공자의 가르침 중에 '교언영색 선의인'이라는 말이 있다. '약삭빠른 말과 꾸미는 얼굴에는 군자의 근본인 인이 깃들기 힘들다'는 말이다. 유교의 가르침을 중시해 온 우리나라 사람들은 예부터 겉으로만 번지르르한 말을 싫어하고 진실한 표현을 높이 평가하는 경향이 있다.

좋은 스피치를 하려면 우선 진실해야 한다. 사내외 프레젠테이션이나 수업 중의 발표, 강의, 강연, 학술발표 등 정보제공을 목적으로 하는 연설이 불확실한 사실이나 허위로 날조된 사실을 바탕으로 한다면 머지않아 그 진실이 드러나게 된다. 이런 발표를 한 연사는 청중의 비난을 면치 못한다. 정치연설이나 세일즈와 같은 설득 스피치의 경우도 마찬가지이다.

우선 상대를 설득해 놓고 보자는 생각에서 거짓 증거를 들이대거나 마음에도 없는 말을 하다가는 언젠가 그 거짓됨이 드러나게 되고, 그 연사는 더 이상 청중의 신뢰를 얻지 못하게 된다. 진실한 스피치를 강조하는 것은 단순히 윤리나 도덕을 지키자는 이상주의적 발상에서 나온 것이 아니며, 진실한 스피치만이 효과적인 스피치라는 실용주의에 입각한 것이다.

연설이나 프레젠테이션에서 제시한 사실은 그 연설이나 프레젠테이션에서 끝나는 것이 아니라, 그 이후로 전개되는 그 연사의 인생역정에 지속적인 영향을 미치게 된다.

따라서 '이번만은 무슨 수를 써서라도 성공해야 한다'는 마음가짐으로 거짓정보나 확실한 증거가 없는 사실을 발표하거나, 지키지 않을 약속이나 허황된 비전을 제시하는 일, 그리고 일관적이지 못한 주장이나 아전인수 격의 논리를 펴거나 핵심을 피해 가는 말을 하게 되면 당장은 효과가 있을지 몰라도 언젠가는 진실이 드러나 청중의 신뢰를 잃게 된다.

반대로 진실한 스피치는 당장의 목적 달성에는 효과가 없을지 모른다. 그러나 평소의 스피치가 진실하면 청중은 그 연사에게 높은 신뢰감을 느끼게 된다. 청중이 연사에게 부여하는 신뢰감의 정도는 그 스피치의 성패에 커다란 영향을 미친다. 청중은 평소 신뢰하고 있는 연사가 하는 말은 증거가 없어도 믿게 되며, 평소에 신뢰하지 않는 연사가 하는 말은 아무리 강력한 증거를 들이대도 믿지 않는다. 따라서 장기적으로 볼 때는 진실한 스피치가 가장 효과적인 스피치일 수밖에 없다는 것을 명심해야 한다.

스피치는 명쾌해야 한다

우리나라 고위 정치인들이 하는 연설을 듣다 보면 간혹 '저 사람이 도대체 무슨 말을 하려는 건가?' 하는 의문이 들 때가 있다. '구렁이 담넘어가는 식'으로 좋다는 것인지 나쁘다는 것인지도 모르겠고, 해야 된다는 것인지 말아야 된다는 것인지도 알 길이 없다.

정치인 입장에서는 서로 이해관계가 다른 이익단체들을 의식할 수밖에 없기 때문에 자신의 입장을 모호하게 해 놓고 은근슬쩍 넘어 가는 경우도 있을 것이다. 그러나 이러한 자세는 유권자들을 식상하게 한다. 좋으면 좋다. 싫으면 싫다. 좋은지 싫은지 결정하지 못했으면 아직 결정은 못했다. 또는 입장이 난처해서 말할 수 없으면 현재로서는 말할 수 없다고 명백하게 밝혀 주는 연설만큼 효과적인 연설은 없다.

프레젠테이션도 마찬가지이다. 자료만 주절주절 늘어 놓고 그들 사이의 교통정리를 제대로 해내지 못하면 아주 혼란스런 발표가 되고 만다. 그렇게 되면 청중은 정보를 얻기는커녕 시간만 낭비한 꼴이 되고 만다.

명쾌한 스피치를 하기 위해서는 주장이나 결론, 논리와 조직 그리고 표현방식 모두가 명쾌해야 한다. 구체적으로 설명하면 첫째, 주장과 결론이 분명히 제시되어야 한다. 예를 들면 연설이나 프레젠테이션의 주제나 결론 그리고 주장이 불분명하다면, 즉 그것이 좋은지 나쁜지, 이렇게 해야 좋을지 저렇게 해야 좋을지를 발표 시에 분명하게 밝히지 못한다면 청중은 발표를 듣고 흔히 쓰는 표현인 "So What?"(그래서 어떻다는 말이냐?)이라는 말을 머릿속에 떠올릴 것이다. 이런 스피치는 결코 스피치는 결코 좋은 스피치라 할 수 없다.

둘째, 스피치가 명쾌해지기 위해서는 논리와 조직이 일반적이고 체계적이어야 한다. 모호한 논리에 기초하거나 두서없이 전개되는 스피치는 주장이나 결론이 없는 스피치 못지않게 불명확한 스피치이다. 설득을 목적으로 하는 스피치는 논리가 정연해야 설득력이 있으며, 정보제공을 목적으로 하는 스피치는 체계가 있어야 이해가 쉬워진다. 논리가 모호하면 주장의 당위성이 떨어지고, 체계가 결여되면 청중이 혼란에 빠지게 된다. 논리나 체계는 자신이 말하고자 하는 내용을 완전히 이해하고 있을 때에만 바로 세울 수 있다. 따라서 명쾌한 스피치를 원하는 사람은 먼저 자신부터 자기 스피치의 내용을 완전하게 파악하고 있어야 한다.

마지막으로, 명쾌한 스피치를 위해서는 표현 역시 명쾌해야 한다. 아무리 주장과 논리 그리고 결론과 체계가 명쾌하게 제시되더라도 표현이 모호하거나 이중적이면 스피치 전체가 불분명해진다. 따라서 좋은 스피치는 의미가 명확한 언어로 전달되어야 한다.

명쾌한 주장과 결론, 명쾌한 논리와 체계 그리고 명확한 언어는 연사의 공신력 제고에 일조하게 된다. 논리와 체계가 명쾌하면 청중은 연사의 능력이나 전문성을 높이 사게 되며, 표현이 명쾌하면 청중은 연사를 신뢰하게 되고, 주장과 결론이 명쾌하면 청중은 연사의 열정을 높이 사게 된다. 능력과 신뢰성 그리고 열정은 공신력을 구성하는 3대 요소이며 이 요소들에서 높은 평가를 받게 되면 전체적인 공신력도 그만큼 높아지게 된다. 따라서 공신력을 생각하는 연사라면 스피치의 명쾌함을 먼저 추구하여야 할 것이다.

스피치는 간결해야 한다

스피치의 내용이 복잡하고 맺고 끊는 맛이 없어 자꾸만 늘어지는 경우에 청중은 집중력을 잃게 된다. 연설이나 프레젠테이션을 듣는 청중들의 자세는 어려운 수학문제를 풀어내려는 입시생의 자세와는 다르다. 입시생이야 머리를 쥐어짜면서도 사고를 정립하기 위하여 혼선의 노력을 기울이겠지만, 청중들은 일단 요지를 놓치게 되면 더 이상 그 스피치를 이해하기 위해 힘을 쓰지 않는다. 청중은 연사의 전달하려는 내용을 이해하지 못할 때 그 연사의 무능을 탓하게 된다.

따라서 스피치는 가능한 한 간결하여야 한다. 간결한 스피치는 전체적으로 잘 조직되어야 하며, 각각의 주장이 간명한 논리에 의하여 입증되어야 한다. 뿐만 아니라 핵심을 흐리지 않고 요지를 분명하게 하기 위해서는 주장의 수를 제한할 필요가 있다. 그렇지 않고 하고 싶은 이야기가 많다고 해서 이 이야기 저 이야기를 주절주절 늘어 놓다 보면 핵심이 흐려져 중요한 이야기마저도 빛을 잃게 되는 것이다. 그것은 서론과 본론에 들어가기도 전에 청중이 집중력을 잃게 되며, 결론이 길어지면 청중은 지루하여 끝날 시간만 기다리게 된다.

스피치가 간결하다는 느낌을 주기 위해서는 서론은 청중의 주의를 집중시키고 관심을 유발하며 주제를 도입하는 데 그 목적을 둔다. 그리고 결론은 지금까지의 주장을 요약하여 캡슐화 하는 데에 그 목적이 있다. 이러한 목적을 달성하기 위해 직접적으로 도움이 되지 않는 말을 길게 늘어놓는 것은 스피치의 효과를 반감시키는 결과를 낳을 뿐이다.

스피치는 자연스러워야 한다

연설이나 프레젠테이션은 웅변과 다르다. 우리나라의 웅변은 표현의 형식을 지나치게 강조한 나머지 부자연스런 목소리나 제스처를 요구하는 경우가 있다. 그러나 모든 스피치는 대화처럼 자연스러워야 한다. 물론 대화처럼 하라고 해서 연인들 사이의 대화처럼 속삭이라는 것이 아니다. 친구와 중요한 문제를 놓고 열정적인 토론을 벌이는 것과 같은 자연스럽고 역동적인 실행이 스피치의 생명이다.

우리나라 정치인이 서양 정치인과 비교하여 가장 뒤쳐지는 부분은 바로 이 연설의 부자연스러움에 있다. 서양의 정치인을 보면 대본을 보며 하는 발표에서도 대화상황처럼 자연스럽게 물 흐르듯이 하는 것을 볼 수 있다. 그러나 우리나라 정치인들은 그렇지 못하다. 고위 정치인들의 경우에도 청중을 바라보지도 않고 대본만을 쳐다보며 흡사 낭독시간을 맞은 초등학생처럼 단조로운 목소리로 원고를 읽어 나가는 것을 보게 된다. 신인 정치인들의 경우에도 웅변학원 수강생처럼 과장된 목소리와 몸짓으로 그저 정열만을 과시하려고 하는 경우가 있다. 이것은 우리나라 정치인들이 지양해야 할 스피치의 자세이다.

프레젠테이션의 경우도 역시 자연스러운 스피치가 요구된다. 우리 사회에서는 아직도 나눠준 유인물을 처음부터 끝까지 단조롭게 읽어 나가는 사람이 많다. 그리고 약간의 변화를 꾀하고자 하는 사람들은 유인물을 읽어나가다가 군데군데 설명을 하기도 한다. 그러나 프레젠테이션을 그런 식으로만 진행하면 연사나 청중은 모두 자신 앞에 놓여 있는 자료를 각자 따로따로 받아들이게 된다. 연사는 자료를 그저 큰 소리로, 청중은 자료를 그저 속으로 읽어 나가게 되는 것이다. 따라서 프레젠테이션 하는 연사는 청중을 바라보지 못하고 청중은 연사의 의미전달에 주목할 수 없다. 이렇게 되면 연사의 스피치는 자연 단조로운 낭독조로 변하게 되어 아무리 유인물의 내용이 좋았더라도 전체 프레젠테이션은 좋은 인상을 남기지 못하게 된다.

부자연스런 스피치, 즉 단조로운 낭독이나 단조로운 내용과 목소리 그리고 몸동작이 따로따로 노는 웅변식 스피치는 연사의 공신력을 크게 깎아 내린다. 청중들에게 '겨우 남이 써 준 대본이나 읽는 주제'라는 생각을 주거나 또는 '유치한 수준의 연사'로 비치게 됨으로써 전문성이나 신뢰감이 낮은 사람으로 인식된다. 특히 낭독을 하는 경우에는 열정마저도 부족한 것으로 평가되어 전체적인 공신력이 떨어지는 결과를 가져온다.

스피치는 적절해야 한다

가장 볼썽사나운 사람은 때와 장소를 가리지 못하는 사람이다. 중요한 사안이 있다고 해서 때와 장소를 가리지 않고 이것만을 논의하고자 하는 친구가 있다면 얼마나 피곤하겠는가?

정치인의 경우도 마찬가지이다. 초상집에 가거나 결혼식 주례를 서거나 동창회 회식에 참여하거나 간에 말할 기회만 주어졌다하면 자신의 정치이력과 정치포부만을 떠들어대는 사람은 연설의 기본조차도 이해하지 못하는 사람이다. 자신이 믿는바 중요한 비전이 있다고 해서 때와 장소를 가리지 않고 이것만을 외쳐댐으로써 참석자를 불편하게 만드는 것은 스스로 지지기반을 약화시키는 결과만 초래할 뿐이다.

가장 효과적인 스피치는 때와 장소에 적절하게 적용하는 스피치이다. 때와 장소에 적용한다는 것은 청중의 속성이나 청중이 보내는 반응, 그리고 주어진 상황의 속성에 따라 스피치의 내용과 발표의 양식을 변화시키는 것을 의미한다. 청중의 지식이나 태도 및 감정은 스피치의 효과에 거대한 영향을 미치므로 사전에 이를 잘 분석하여 스피치의 내용과 표현, 그리고 발표의 방식을 잘 적응시킬 때 스피치의 효과는 배가되는 것이다.

3) 좋은 연사의 조건

그러면 어떠한 연사가 뛰어난 연사인가? 오랜 수사학적 전통을 지닌 서양에서는 '설득능력'이라는 이름으로 좋은 연사의 자격요건을 연구해 왔다. 이 연구들에 따르면 훌륭한 연사란 인격, 지식, 태도, 기법 그리고 자신감을 고루 갖춘 사람이라고 한다.

훌륭한 인격이 훌륭한 연사를 만든다

좋은 연사가 되려면 우선 훌륭한 인격을 갖추어야 한다. 인격을 갖추지 못한 연사는 아무리 뛰어난 스피치 기법을 구사하더라도 선동가에 지나지 않으며 그런 선동의 효과는 결코 오래 지속되지 않는다. 인격을 갖춘 연사는 스피치에 임하는 자세가 진실하게 되어 있다.

좋은 연사는 교언영색이나 감언이설로 청중을 유혹하기보다는 진실로 청중을 위하는 마음에서 그들의 행동을 인도하려고 노력한다. 이러한 스피치 태도는 그 연사의 인격에 대한 청중들의 인식을 한층 더 높여주게 되며 그 만큼 설득력도 높아지게 되는 것이다.

따라서 훌륭한 연사가 되고자 하는 사람은 우선 커뮤니케이터로서의 인격부터 수양해야 한다. 청중에게 알려진 연사의 인격은 그 자체가 설득무기가 된다.

아리스토텔레스의 말에 따르면 사람들은 자신이 믿고 존경하는 사람이 하는 말이면 증거를 따지지 않고 믿는 경향이 있으며 자기가 싫어하고 인정하지 않는 사람의 말은 확실한 증거를 대더라도 믿으려 들지 않는 경향이 있다고 한다. 이러한 사람들의 경향은 우리나라 현대 정치사에서도 얼마든지 입증되어 왔다. 자기와 같은 지역 출신을 맹목적으로 지지하는 유권자들의 심리는 집단이기주의나 지역감정 때문이라기보다는 같은 지역 출신 정치인의 인격을 그 만큼 더 믿고 있기 때문으로 보아야 할 것이다.

앞에서도 언급한 바와 같이 하나의 스피치는 그 스피치에서 끝나는 것이 아니고 긴 인생여정의 한 부분이 된다. 따라서 이미 지나간 인생의 경력이 현재의 스피치에 영향을 미치게 되며, 현재의 스피치는 다시 앞으로의 인생여정에 영향을 미치게 된다. 지나간 경력을 통하여 훌륭한 인격을 인정받은 연사는 청중의 공감을 확보하고 있기 때문에 특별한 노력이 없이도 그들의 심금을 울리는 스피치를 해 낼 수 있다. 반대로 과거의 행위 때문에 청중의 사랑을 받지 못하는 연사는 아무리 멋진 스피치를 해내더라도 그들의 공감을 받기가 어렵다.

지식을 갖춘 사람만이 훌륭한 연사가 될 수 있다

좋은 연사가 되려면 주어진 주제에 대한 충분한 지식을 갖추어야 한다. 당면한 주제에 대해 아는 것이 없으면 고매한 인격을 가진 사람이라 할지라도 알맹이 없는 넋두리를 늘어 놓을 수밖에 없다. 아무리 경력이 풍부한 사람일지라도 모든 것을 다 아는 사람은 없다.

따라서 스피치를 준비하는 사람은 연구하는 자세로 가능한 한 많은 정보를 수집하여 주제에 대한 지식의 폭을 넓혀 나아가야 한다. 별로 아는 것도 없으면서 연구는 게을리하고 적당히 수사적 구호나 내세워 청중을 현혹하려는 사람은 시험을 앞두고 커닝쪽지를 준비하는 불량학생과 다를 바 없다. 또 모든 준비를 아랫사람들에게 맡기고 완성된 대본만을 암기해 발표하거나 암기조차도 하지 않고 그냥 대본을 보고 읽는 연사는 스피치의 실행과정에서 그 본색을 드러내기 마련이다. 청중들은 엄격한 시험 감독관과 같다. 스피치를 들으며 그들은 끊임없이 연사의 지식을 저울질한다. 그가 정말 알고 하는 소리인지, 아니면 남이 가르쳐 준 대로 읊어대는 소리인지 아니면 그저 알맹이 없는 헛소리로 시간만 때우고 있는지를 판단하는 것은 그렇게 어려운 일이 아니다. 청중들의 이러한 판단은 연사의 전문성, 즉 능력의 판단과 직결되며 이는 자연히 그 연사의 공신력 평가에 영향을 미친다.

적극적인 태도가 훌륭한 연사를 만든다

연사는 적극적인 태도로 스피치에 임하여야 한다. 주어진 스피치를 요식행위라고 생각하거나 자신이 넘어야 할 장애물이라고 생각할 것이 아니라, 자신의 능력과 지식 그리고 인격과 진솔함과 열정과 사랑을 널리 알릴 수 있는 좋은 기회라고 생각하여야 한다. 그렇게 되면 스피치에 대한 불안증도 사라지게 되며 보다 정열적인 스피치를 해낼 수 있게 된다.

스피치는 연사에게 여러 가지 기회를 제공한다.

첫째, 스피치는 자신을 표현할 수 있는 기회를 제공한다. 자신이 청중에게 잘 알려져 있지 않은 경우에는 자신이 누구인지를 알릴 수 있는 기회가 되며, 청중에게 잘 알려져 있는 경우에는 기존의 긍정적 측면을 더욱 강화하고 부정적 측면을 바꾸어 놓을 수 있는 기회가 된다.

둘째, 스피치는 자신의 지식을 넓힐 수 있는 좋은 기회를 제공한다. 위에서도 언급한 바와 같이 좋은 발표를 하기 위해서는 주어진 주제에 대한 깊은 이해와 폭 넓은 지식이 필요하다. 지식과 정보를 습득하기 위해 조사와 연구를 수행하면서 연사는 자신의 전문성을 키워 나갈 수 있게 된다.

셋째, 스피치는 연사로 하여금 청중을 계도할 수 있는 기회를 부여한다. 주어진 스피치의 연사로 지명을 받는다는 것은 자신의 신념과 지식을 청중에게 설파할 수 있는 자신만의 시간을 부여받은 것이다. 스피치는 이처럼 여러 가지를 성취할 수 있는 좋은 기회를 제공한다.

따라서 적극적인 태도로 스피치에 임하는 것이 제공받은 기회를 효과적으로 활용하여 좋은 연사가 되는 지름길이다.

스피치 기법을 터득해야 훌륭한 연사가 될 수 있다

스피치의 기법을 알아야 좋은 연사가 될 수 있다는 것은 긴 말로 설명하지 않아도 자명한 이치라 하겠다. 그러나 불행히도 우리나라 사람들은 스피치의 기법을 배울 기회가 많지 않아 어떤 스피치가 제대로 된 것인지 잘 알지 못하는 경우가 많다.

정치계도 예외는 아니어서 기성 정치인들 중 연설의 기회를 효과적으로 이용하고 있는 사람은 흔하지 않다. 흔히 스피치 기법이라고 하면 멋들어진 표현이나 목소리의 장단고저 또는 화려한 제스처를 연상하게 된다. 그러나 스피치 기법은 겉으로 화려한 연설 또는 보기에 멋들어진 프레젠테이션을 위해 존재하는 것이 아니다. 스피치 기법은 스피치를 준비하고 실행하는 전 과정과 관련된 것이다. 스피치 기법을 터득한 사람은 적절하고 핵심적인 아이디어를 고안하고, 이를 논리적으로 조직하며, 적절한 표현양식을 통하여 구성한 후, 효율적으로 암기하여, 감동적으로 발표할 줄 아는 사람이다.

훌륭한 연사는 자신감을 갖고 상황을 장악한다

성공적인 연사가 되기 위해서는 무엇보다도 자기 자신을 믿어야 한다. 혹시 잘못되면 어떡하나, 실수하면 어떡하나 하는 회의를 버리고 자신의 능력을 믿고 열정적으로 대처할 때 좋은 스피치를 하게 된다. 물론 자신의 능력을 과신하여 준비가 부족함에도 불구하고 자신감을 갖는 것은 오만에 불과하다. 그러나 모든 상황을 고려하여 철저한 준비를 한 후 스피치에 임한다면 실패할 이유도 없고 따라서 실패를 두려워할 이유도 없다.

자신감을 가지라는 말은 어떠한 불안감도 느껴서는 안 된다는 말과는 다르다. 정도의 차이는 있겠지만 인간은 누구나 무대 공포증 또는 발표 불안증을 갖고 있다. 수십 년의 정치경력을 가지고 있고 뛰어나 연설가로 소문난 사람이라 할지라도 연단에 올라설 때에는 언제나 불안해한다. 어느 정도의 발표 불안증은 오히려 스피치의 질을 높이는 효과를 가져 온다.

불안증을 극복하기 위하여 준비와 연습을 철저히 하게 되기 때문이다. 불안증을 긍정적으로 생각하고 준비를 철저히 해두면 스피치를 잘하지 못할 이유가 없다. 따라서 준비가 끝난 다음에는 항상 자신감을 가지고 스피치에 임해야 한다.

4) 스피치 주제의 선정

스피치 주제를 미리 의뢰해 오지 않았을 경우에는 연사가 이를 결정해야 한다. 때로는 주어진 주제라 할지라도 어느 정도 조정을 해야 한다. 스피치 준비 과정 중에서 청중 분석이 완료되면 그 결과를 토대로 주제를 선정하고 내용을 집약하는 과정이 필요하다.

주제를 선택하는 기준은 다음과 같다.

첫째, 연사가 자신감을 가지고 정해진 시간 내에 스피치를 할 수 있는 것이어야 한다.

둘째, 청중이 관심 있게 들을 수 있는 것이어야 한다. 다시 말하면 스피치 주제를 선정할 때는 연사 자신과 청중 그리고 상황을 고려하여 적합한 주제를 신중히 골라야 한다.

우선 연사 자신의 지식과 경험 그리고 관심을 감안하고, 다음으로는 청중의 수준과 태도 및 관심거리를 고려한다. 마지막으로 행사의 목적과 상황의 특성을 감안하면 좋은 스피치 주제를 선정할 수 있다.

지나치게 광범위하거나 추상적인 주제는 정보 전달이나 설득 면에서 효과적이지 못하므로 구체적인 주제 설정이 요구된다.

평상시 관심 있는 주제를 선정하라

연사가 평소에 관심을 갖고 연구해 온 주제, 즉 자신의 전공과 관련된 주제나 경험이 있는 주제를 선정해야 연사 자신이 지니고 있는 자원을 최대한 활용할 수 있다. 또한 자신이 살아오는 동안 배운 경험이나 교훈 등에서 선정하는 것도 좋은 방법이다. 그럴 때 여유를 가지고 스피치를 준비할 수 있다. 자신이 알지 못하는 주제를 택하게 되면 준비에 많은 시간이 소요될 뿐만 아니라 돌발적인 사태 즉, 청중이 갑자기 질문하는 경우에 당황하여 이에 대한 적절한 대답을 할 수 없는 상황이 벌어질 수도 있다.

자신이 열변을 토할 수 있는 주제를 선정하라

연사가 잘 알고 있는 분야라 할지라도 별로 신이 나지 않는 주제는 준비할 때나 실행할 때 신명을 불러일으키지 못해 좋은 스피치가 되지 않는다.

자신이 관심 없는 분야를 스피치하는 것은 아무리 큰소리로 열변을 토한다고 해도 청중들에게 아무런 감흥을 일으킬 수 없다. 따라서 평소 관심을 갖고 흥미를 느껴 정열적으로 말할 수 있는 주제를 골라야 한다.

자신의 신념이 확고한 분야를 선택하라

자신에 대한 믿음이 우선되는 주제를 선정해야 한다. 그렇지 않으면 청중은 연사에게 실망하여 그 장소를 떠날 것이다. 자신의 확고한 신념 없이는 청중을 감동시키거나 설득시킬 수 없기 때문이다.

청중이 관심 갖는 주제를 선택하라

청중의 속성을 정확히 분석하여 연사 자신과 청중이 동시에 관심을 가지고 있는 주제를 선정하도록 해야 한다. 청중이 전혀 관심을 갖지 않는 이야기를 혼자서 열변을 토한다고 생각해 보라. 청중은 냉혹하다. 어디까지나 청중이 관심을 갖고 알고 싶어 하는 주제를 선정해야 그들의 욕구를 만족시킬 수 있으며 결국 스피치의 목적도 달성할 수 있게 된다.

청중 대다수에게 필요한 주제를 선택하라

주제가 청중에게 어떠한 가치가 있는가를 고려해야 한다. 청중의 관심을 파악할 방법이 없거나 자신의 관심사와 청중의 관심사가 서로 다를 경우도 있다. 이럴 경우엔 대다수의 청중들에게 중요하며 필요하다고 생각되는 주제를 선택해야 한다.

예컨대 청중이 중년 여성인 경우에는 효과적인 재산 증식 방법을, 청소년인 경우에는 PC방과 인터넷 프로그램처럼 그들의 관심사이자 시대적으로 꼭 필요한 테마를 가지고 이야기를 풀어 가야 한다.

행사의 성격에 맞는 주제를 선택하라

어떤 행사에서 스피치를 해달라는 부탁을 받았을 때는 자신의 스피치가 어떤 행사의 일환으로 기획되어 있는지를 파악한 다음 행사의 성격과 분위기에 적합한 주제를 선택해야 한다.

행사나 모임의 성격과 동떨어진 주제를 선택해서는 안 된다.

5) 스피치 목적의 결정

모든 스피치에는 스피치를 하려는 목적이 있다. 스피치의 주제가 결정되면 이 정해진 주제를 가지고 자신이 달성하고자 하는 바, 즉 스피치의 목적을 정해야 한다. 연사가 청중에게 정보를 전달하는 스피치를 할 것인지, 청중을 설득해야 하는지, 흥을 돋우는 스피치를 해야 하는지, 격려하는 스피치를 해야 하는지를 결정하는 것이다.

스피치의 방향과 목적이 구체화되면 핵심명제를 정하는 것이 매우 쉬워진다. 왜냐하면 핵심명제란 스피치의 포인트와 목적을 하나의 서술적 문장으로 표현하면 되기 때문이다.

개괄적 목적

넓은 의미의 스피치 목적, 또는 개괄적 목적은 그 스피치를 통해 청중들에게 미치고자 하는 영향을 말하는 것으로써 보통 그 스피치의 성격을 규정하는 기능을 한다.

세부 목적

스피치의 주제와 개괄적 목적이 결정되면 이를 세부 목적으로 구체화 시켜야 한다. 세부 목적은 개괄적 목적을 주제에 연결시켜 보다 구체적으로 표현하는 것으로, 자신이 '무엇을 위하여 그 스피치를 하는지'를 명확하게 보여준다.

세부 목적을 세우는 방법은 다음과 같다.

● 주제, 개괄적 목적, 청중을 조합해 목적구로 표현하라

세부 목적은 주제와 개괄적 목적 그리고 청중을 연결시켜 서술형 목적구로 표현하며, '……하기 위하여' 또는 '……하기 위해'처럼 뚜렷한 목적을 나타내는 목적구로 표현하는 것이 좋다.

예컨대 '건전한 청소년 육성의 필요성'이란 주제로 학부모를 청중으로 하여 설득 스피치를 할 경우에는 '학부모에게 건전한 청소년 육성의 필요성을 인식시키기 위하여'라고 목적구를 만들면 이것이 바로 세부 목적인 것이다.

● 세부 목적은 간단명료하게 하라

세부 목적은 연사가 하고자 하는 말을 간단명료하게 전달하기 위한 수단이므로, 미사여구나 애매모호한 표현을 피하고 직설적으로 표현하는 것이 좋으며 가능한 상세하게 기술되어야 한다.

● 세부 목적은 하나로 국한하라

서로 다른 여러 가지 목적들을 설정하게 되면 스피치의 핵심이 흐려

지기 마련이다. 준비나 실행에 있어서 일관성이 상실되므로 가급적 세부 목적은 하나인 것이 바람직하다.

세부 목적이 정해진 경우, 그 목적이 적합한지를 아래와 같은 항목에 맞추어 검토해 본다.

① 목적이 스피치로 표현하기에 적합한가? 너무 복잡하지 않은가? 지나치게 포괄적이지 않은가?
② 목적이 윤리적으로 비난받지 않겠는가? 사회적으로 받아들일 수 있는가?
③ 목적이 시의적절한가?

6) 핵심명제의 개발

스피치의 주제와 목적이 설정되면 주제에 맞는 핵심 내용을 요약하여 구성하는 과정이 필요하다. 핵심명제란 스피치에서 하고자 하는 말을 하나의 간결한 문장으로 표현한 것으로, 그 스피치를 총괄한다.

핵심명제는 연사 자신이 어떠한 방향으로 아이디어를 개발하고 자료를 준비해야 하는지를 명확하게 해주며, 청중으로 하여금 어떠한 방향으로 스피치가 전개될 것인지를 예측하게 하여 청중의 이해를 돕는 기능을 한다.

문장에 불과하지만, 이것을 만드는 과정은 결코 단순하지 않다. 감각에 의존하여 즉흥적으로 떠오르는 아이디어에 의존해서 핵심명제를 구성하게 되면 스피치에서 달성하고자 하는 자신의 진정한 목적을 반영시키지 못할 가능성이 있다. 따라서 적절한 절차와 방법에 따라 핵심명제를 개발하는 것이 좋다.

핵심명제를 개발하기 위해서는 우선 스피치 주제를 선정한 후 그 스피치의 개괄적 목적을 정하고 이 둘을 적절히 조합하여 세부 목적을 정한다. 그런 다음 보다 정교하게 표현하면 멋진 핵심명제가 될 수 있다.

스피치의 핵심명제를 효과적으로 구성하기 위해서는 무엇보다도 간단하고 명료한 용어 선택이 중요하며 반드시 언급해야 할 내용의 논리적 구성은 필수 사항이다. 핵심명제를 수립하는 방법은 다음과 같다.

반드시 언급해야 할 두세 가지 요점을 개발하라

세부 목적이 상세하게 수립되어 있다면 이를 달성하기 위해 포함해야 할 몇 가지 소주제를 도출하는 것은 그리 어려운 일이 아니다. 또한 이미 그 속에 취급해야 할 소주제들이 명시되어 있는 경우도 있다.

예를 들어 '주부들이 에너지 절약의 필요성을 느끼도록 하기 위하여'란 세부 목적이 주어졌다면, '가정에서 낭비되고 있는 에너지가 많다'와 '절약해야 한다', '에너지도 외화 유출이다' 등이 요점이 된다.

간결한 선언식 문장을 만들어라

요점들을 연결하여 하나의 선언적 문구를 만들면 그것이 곧 핵심명제가 된다. 선언적 문구란 '……다'라고 선언식으로 표현하는 문장을 뜻한다.

위의 예를 핵심명제로 만들면 '가정에서 낭비되는 에너지가 많으며 이는 외화 유출이므로 절약해야 된다'가 된다.

발표 시에는 의도형 문구로 표현하라

실제로 핵심명제를 청중에게 발표할 때에는 발표에 적절한 스타일로 표현해야 한다. 핵심명제를 발표하기 가장 적절한 양식은 "오늘 저는 ……에 대해 말씀드리고자 합니다"라는 식으로 의도형 또는 계획형으로 표현하는 것이다.

핵심명제는 하나의 문장이지만 이것을 반드시 하나의 문구로 발표하라는 법은 없다. 의도형 문구로 발표해도 좋고 두세 개의 문구로 나누어 발표할 수도 있으며 경우에 따라서는 청중과의 문답식으로 발표할 수도 있다.

7) 개요서의 작성

개요서에 의한 스피치

스피치 중에서 가장 자연스럽고 청중과의 커뮤니케이션을 가장 원활하게 할 수 있는 방법은 개요서에 의한 스피치이다. 개요서란 스피치의 개요, 즉 주요 아이디어와 세부 내용의 골자만을 간결하게 적어 둔 미완성 스피치 대본을 의미한다.

개요서에 의한 스피치는 청중과 시선 교환이 자유로울 뿐만 아니라, 말의 골격에 곧바로 살을 붙여서 분위기를 자연스럽게 이끌 수 있으므로 생동감과 현장감이 있다. 또한 자연스러운 제스처를 사용할 기회도 많아지게 되며 특히 언어의 구사 범위를 넓혀준다는 장점이 있다.

개요서를 자지고 꾸준하게 연습하면 자신의 아이디어를 다양하게 표현할 수 있는 능력이 생긴다. 개요서에는 골자만 적혀 있기 때문에 연습할 때마다 표현이 달라질 수밖에 없다. 따라서 연습을 거듭하다 보면 하나의 골자를 여러 가지로 표현할 수 있게 된다.

개요서에는 '준비 개요서'와 '실행 개요서'가 있다. 준비 개요서는 스피치를 준비하는 과정에서 작성하는 것으로 이것이 완성되면 스피치 준비는 일단 완료되었다고 볼 수 있다.

실행개요서는 준비 개요서의 요약본을 가지고 스피치를 실행할 때 참고로 하기 위해 작성한다. 일반적으로 준비 개요서는 양이 많기 때문에 실제 스피치를 하면서 참고하기에는 부적절하다.

준비 개요서

준비 개요서는 완성된 스피치 개요서로서 실제 스피치 대본 또는 연설문과는 다르다. 스피치 대본은 연결사와 부연 반복들을 포함하여 완성된 텍스트 형태로 써나가야 하지만, 준비 개요서는 부연 반복이나 자세한 설명을 제외한 상태에서 책의 목차를 기록하는 방식으로 요약하여 작성한다. 준비 개요서는 주제, 세부목적, 서론, 본론, 결론 그리고 참고 문헌으로 구성된다. 그 작성 규칙은 다음과 같다.

- **상단에 주제, 세부 목적, 핵심명제를 따로 기록한다**

준비에 만전을 기하기 위해서 개요서의 상단에 주제와 세부 목적 그리고 핵심명제를 기록하여 준비의 일관성을 갖도록 한다.

- **각 부분의 조직에 유의한다**

서론에서는 서두와 핵심명제 및 주요 내용을 예고하는 부분이 체계

있게 열거되어야 하며, 본론에서는 주요 아이디어들 사이에 그리고 세부 내용들 사이에 유기적인 구성이 확보되어야 한다. 결론에서는 종료 예고 및 핵심의 요약 그리고 결언이 순서대로 열거되어야 한다.

• 쉽게 볼 수 있도록 정리한다

스피치를 준비하는 경우, 쉽게 보고 연상할 수 있도록 완성된 텍스트의 형식을 취하지 말고 책의 목차에서 사용하는 방법처럼 번호 매김과 들여쓰기를 사용한다.

이때 내용과 내용 사이의 체계를 유지하기 위해서는 항목들 사이의 수직 관계와 수평 관계를 정확하게 파악하여 일관성 있게 번호를 매긴다.

• 번호 하나에 하나의 아이디어를 적는다

주요 아이디어든 세부 내용이든 세부 내용에 대한 자세한 설명이든 간에 하나의 번호에 하나의 아이디어만 적어야 한다. 그렇지 않고 한 번호에 여러 가지 아이디어를 적어두면 개요서가 복잡해져 준비의 진척이나 전체 스피치의 체계를 파악하는 것이 어렵고 복잡해진다.

화제 전환사와 중간 요약은 스피치의 주요 내용을 구성하는 것이 아니라, 이 주요 내용들 사이에 관계를 표시해 주는 것들이다. 따라서 이들에게 번호를 부여하지 말고 특별한 기호로 표시해 두는 것이 좋다.

• 주요 아이디어, 서두 그리고 결언은 모두 완전한 문장으로 표현하는 것이 좋다.

서두와 결언 그리고 주요 아이디어들은 완전한 문장으로 표현해 두고 그 세세한 내용은 대충 암기하는 것이 좋다.

● 참고 문헌의 출처를 명기한다

청중이 어떤 자료에 관심을 갖게 되면 대개 그 출처를 알고 싶어 한다. 이에 대비하여 개요서의 하단에 스피치를 준비하는 데 참고한 문헌이나 자료의 목록을 적어 두는 것이 좋다.

실행 개요서

실행 개요서란 스피치를 실행할 때 참고로 하기 위해서 작성하는 준비 개요서의 요약본을 말한다. 실제 스피치를 할 때는 내용을 기억하고 균형 잡힌 스피치를 하는데 도움이 되는 중요한 단어나 문구를 중심으로 실행 개요서를 작성할 필요가 있다. 실행 개요서 작성 시 주의사항은 다음과 같다.

● 준비 개요서의 번호체계를 그대로 사용하라

준비 개요서의 번호체계가 실행 개요서에서도 그대로 유지되어야 한다. 실행 개요서를 간략하게 만드는 길은 일부 항목을 제외하는 것이 아니라 각 항목의 내용을 요점 위주로 정리하는 것이다.

● 읽기 쉽고 눈에 뛰도록 만들라

잠깐잠깐 보면서 개요서에 적힌 내용을 파악해서 하기 때문에 실행 개요서는 읽기 쉽고 눈에 잘 띄도록 만들어야 한다. 눈에 잘 띄게 하려면 번호체계를 일관성 있게 하고 각 항목의 내용을 요점 위주로 정리해야 한다.

● 실행 시 주의 사항도 적어 두면 좋다

특히 스피치를 실행할 때 유의해야 할 점들을 기록하라. 이를 테면 자신의 동작에 대한 주의 사항이나 좋지 않은 버릇 또는 진행 속도 등에 대한 약간의 코멘트를 적어 두는 것이 좋다.

● 주요 통계나 인용문은 정확히 적어 두라

남의 이야기나 인용문 등을 발표하는 경우에는 준비해 온 것을 그대로 낭독하는 것이 좋고, 인용하는 경우에도 실행 개요서에 그 내용을 정확하게 적어두었다가 실행 시 보면서 정확하게 읽는 것이 좋다.

● 손에 쥐어지는 적당한 카드를 사용하라

실행 개요서를 넓은 종이에 작성해 두면 손에 쥐고 스피치하기에 번거롭다. 그래서 대개 그 종이를 단상 위에 올려놓는데 그렇게 되면 이를 참고로 하기 위해 고개를 자주 아래로 숙여야 하기 때문에 시선이 분산되는 등 말하는 데 불편이 따른다. 보다 더 효과적인 방법은 손에 쥐어지는 적당한 크기의 카드로 실행 개요서를 작성하는 것이다. 스피치 실행 시에는 카드를 왼손이나 오른손에 쥐고 다른 손으로 한 장씩 넘겨가며 참고하면 매우 편리이다.

Part6.
특별한
경우의
스피치

Part6

1) 연설

특별한 경우의 스피치를 흔히 '연설'이라 부른다. 연설은 연사가 대중 앞에서 혼자 행하는 것으로 일반적인 말하기에 비해 특수한 상황에서 이루어진다.

특수한 모임의 경우에는 성격에 맞는 주제를 정한 후 확실한 정보를 입수하여 목록을 작성하면 된다. 보다 다양한 정보를 입수하기 위해서는 각종 자료가 비치된 도서관을 이용하거나 다른 사람과 주제에 대해 논의하는 것이 바람직하다.

수락사

수락은 어떠한 포상과 공로에 대해 치적을 표시하는 것을 말한다. 발표사와 다른 점은 연사가 공로를 세운 사람을 대신하여 감사를 전하는 과정 중에 행해진다는 점이다.

발표사

발표사는 공로에 대한 수상이나 업적의 표창에 대해 '감사하다'는 형태의 말을 하는 것으로, 수상자는 상을 준 사람에게 감사하고 수상이 가능하도록 힘써 준 동료와 가족에게 기쁨과 또한 앞으로의 각오를 말하게 된다.

축사

축사는 행사를 축하하는 의식적인 연설로써 결혼 축사와 입학 및 졸업 식사 등이 이에 해당된다. 결혼 축사는 신랑 신부의 만남을 축하하며 앞으로의 힘찬 출발을 강조하고, 입학 식사는 새로운 곳에서의 출발을 강조하면서 미래에 대한 신념을 심어 주는 형태로 한다.

졸업 식사는 졸업생과 학부모 외에 관계자의 노고를 치하하고, 졸업생들에게 앞으로의 포부와 희망을 심어 주는 형태로 하는 것이 일반적이다.

개회사와 폐회사

개회사는 행사나 기념식 등을 개최할 때 가장 먼저 행하는 연설로, 참여한 청중에게 감사를 전하면서 행사의 목적 등을 설명하고 행사가 시작됨을 알리는 것이다.

또한 폐회사는 행사의 마무리 단계에서 행해지는 연설로, 행사에 대한 종합적 평가와 함께 행사의 준비에 노고가 많은 관계자를 치하하고 참여자에게 감사의 뜻을 표시하는 것이 일반적인 형태이다.

환영사

환영사는 기업이나 조직에서 도움이 되는 사람을 초청한 후 인사 겸 소개를 행하는 연설을 말한다. 먼저 초청에 응해 주신 분께 감사의 뜻과 환영을 표한 다음, 아울러 환영사를 하고 있는 본인을 소개하는 형태가 일반적이다.

기조 연설

기조 연설은 대체로 공식적인 행사에서 의식적으로 행하는 연설로, 공식적 또는 비공식적 성격을 갖는다. 기조 연설에서는 조직의 기본 방향과 목적을 설정하고, 이 목적을 연설의 주제로 삼는 경우가 대부분이다.

2) 프레젠테이션

PR(Public Relations)이란 말은 자신의 이미지를 효과적으로 전달하고, 위기에 대하여 대외적으로 통제하는 것이다. 또한 이해관계자와 메시지를 서로 주고받는 것을 의미한다. 그러나 현대 사회에서 PR은 다른 사람들에게 자신이나 자신의 메시지를 알린다는 의미가 강해졌다. 이렇듯 개인이 상대방에게 자신의 의사를 전하던 단순한 스피치는 이제 어떠한 뚜렷한 목적으로 두고 가장 효과적인 방법을 선택하여, 자신의 의사를 분명하게 상대방이 이해할 수 있게 전하고 알리는 것으로 전환되었다. 오늘날은 그렇게 알리는 시도를 통상적으로 프레젠테이션(Presentation)이라고 부른다.

　프레젠테이션은 청중을 상대로 하는 강연이나 웅변, 기자회견, 또는 정치인의 정견발표나 직장에서의 보고, 브리핑, 사업 설명회 등을 통해서 자신의 의지와 생각을 표현하는 화술의 효과적인 수단이다. 따라서 현대 사회에서의 화자(Speech man)는 단순히 말하는 자가 아니라 분명한 의사를 효과적으로 전달해야 하는 프레젠터(Presenter)로서의 역할이 요구된다. 특히 면식이 없는 모임이나 다수의 청중에게 있어서 효과적으로 화자가 자신의 의사를 분명히 전하고 상대방을 납득시키기 위해서는 실력 있는 프레젠터가 되어야 한다.

　성공적인 프레젠테이션을 연출하기 위해서는 다음 다섯 가지 전략을 숙지해야 한다.

　첫째로, 청중의 무관심을 관심으로 전환하는 것이다. 이는 청중의 가슴속에 있는 감정을 강화시키는 과정에서 감정에 점화하기 위한 것이다. 프리오프닝을 활용하여 프레젠터와 공감대를 확보하거나 아이스 브레이크 등을 통하여 청중과의 간격을 좁히는 방법이다. 더 나아가 청중이 이해하기 쉬운 말을 사용하여 설명하거나 말하려는 요지에 필요한 예를 청중들의 문화와 밀접한 것으로 준비하여 하는 것 등이다.

　둘째로, 청중이 모르는 것을 알게 해야 한다. 프레젠터의 설명에는 청중이 귀를 기울일 수 있는 새로운 정보가 들어 있어야 한다. 청중은 다른 데서 들었던 것 같은 소식을 듣게 되는 경우에 흥미가 반감된다. 심지어는 식상한 내용으로 인해서 프레젠터에 대해서 싫증을 내기도 한다. 따라서 프레젠터는 과학적인 데이터와 조사, 통계 자료, 필요한 지식을 총동원하여 청중이 자신의 고정관념을 버리고 프레젠터의 의견에 관심을 가질 수 있는 객관적인 기반을 제시해 주어야 한다.

셋째로, 청중으로 하여금 결심하게 해야 한다. 프레젠터가 프레젠테이션을 하는 것은 어떤 분명한 목적이 있기 때문이다. 만약 어떤 물품에 대한 것이면, 그 프레젠테이션을 듣고서 반드시 그 물품에 대한 구매의욕을 가지게 해야 한다는 것이다. 이것은 바로 프레젠테이션의 핵심은 설득이라는 의미이다. 청중이 자신의 고정관념과 편견, 그리고 과거의 비능률적인 관습을 버리게 하는 것이 목표다.

넷째로 행동으로 옮기게 해야 한다. 프레젠터는 청중이 결심한 대로 행동하도록 권고해야 한다. 그러기 위해서는 행동을 촉진하는 동기를 제시해 주어야 하는데, 청중은 결심한 대로 행동하므로 행동으로 옮겨 성공한 사람들의 사례를 들어 주는 것이 효과적이다. 결국 청중의 결심을 행동으로 이끄는 것은 프레젠테이션의 최종 목표인 것을 잊어서는 안 된다.

끝으로 즐거움을 주어야 한다. 유머가 있는 프레젠테이션은 실패하지 않는다. 그렇게 하면 비록 한 번으로 다 뜻하는 대로 할 수 없다고 해도 다음에 다시 대하면 성공할 가능성이 높아진다. 따라서 때와 장소에 맞는 웃음거리를 준비하여 청중과의 거리감을 없애고 청중이 나의 설득을 보다 부담감 없이 받아들일 수 있도록 해야 한다.

실제적으로 노련한 프레젠터들도 청중을 앞에 두고는 긴장을 하는 법이다. 우리가 좋은 프레젠테이션을 하기 위해선 무엇보다도 먼저 여유 있는 마음을 가져야 한다. 그러고 나서 아래의 실제적인 지침들을 따라서 하게 되면 능력 있는 프레젠터가 될 수 있다.

인사말은 간단히 하라

장황하게 말하는 것은 말을 중언부언하게 하거나 약장수처럼 신뢰감을 감소시키는 요인이 되기 쉽다. 그래서 천천히 나가서 한 번 호흡을 가다듬고 보통 때보다 천천히 말하듯이 간단한 인사말을 하는 것이 좋다. 그러면 청중들이 보기에 프레젠터가 다소 여유롭고 신뢰할 만한 경력이 있는 것으로 보인다.

목소리를 낮춰라

우리는 목소리가 큰 사람이 이긴다는 비논리적인 말에 길들여져 왔다. 큰 소리로 말하면 상대에 대한 설득보다는 상대에 대한 경계심과 불필요한 감정을 불러일으킬 수 있다. 따라서 프레젠터는 청중의 규모에 맞춰 목소리의 크기를 알맞게 조절할 줄 알아야 한다. 프레젠테이션은 처음에는 작은 소리에서 시간이 지남에 따라 큰 소리로 하게 되는 경우가 많으므로 프레젠터도 여기에 맞추어서 하는 것이 좋다. 특히 목소리는 타고난 것이기 때문에 억지로 목소리를 꾸며서 내면 어색하고 부자연스럽게 되기 때문에 그러한 행동은 피해야 한다. 다만 일상적인 대화의 목소리를 조금 가다듬는 기분으로 하는 것이 좋다.

대화식으로 풀어가라

많은 청중에게 친구에게 하듯이 자기의 뜻을 이해시키는 것은 어려운 것이다. 그러나 말이란 듣는 사람과 말하는 사람의 일대일 관계이다. 그래서 오히려 모든 청중이 듣게 하고 자신의 의사를 전달하기 위해서는 소리 높여서 외치는 것은 주의해야 한다. 프레젠터의 말은 청중에게 마이크와 스피커라는 음성 도구를 통해서 전달된다. 그러므로 프레젠터는 웅변이나 절규하는 듯한 어조가 아니라 친구와 대화하듯이 자연스럽게 평소의 어조와 리듬을 가지고 말하는 것이 유익하다.

자기만의 음성을 개발하라

목소리를 바꿀 수는 없다. 누구나 자기 목소리는 개성을 나름대로 지니고 있다. 그러나 스스로 자신의 목소리가 청중에게 전달하는 데에 특성이 부족하다고 느끼거나 다른 사람들과 비교해 볼 때 개성이 없다고 생각할 수 있다. 이럴 때에는 어조의 변화를 통하여 자신의 음성을 상대에게 인식시키는 방법을 훈련할 필요가 있다. 프레젠터는 음성의 변화를 통해서 자신의 음색을 청중에게 심어 줄 수 있어야 한다.

자신 있으나 겸손하게 말하라

청중의 수준을 무시하는 느낌을 주는 프레젠테이션도 문제이지만 서두에서부터 자신의 변명이나 사과의 말로 시작하는 프레젠테이션도 실패의 가능성이 아주 높다. 또한 너무 자신감이 넘쳐서 자기 자랑을 하는 식의 기고만장한 프레젠테이션도 청중의 반감을 사기가 쉽다. 주어진 시간 내에 적절한 프레젠테이션을 효과적으로 하기 위해서는 청중과의 동질감을 느낄 수 있는 겸허한 실패담이 공감대를 얻을 수 있는 경우가 많으므로 내용에 삽입하는 것이 효과적이다. 그러나 이것은 바로 극복되어졌거나 극복되고 있는 자신감이 내비쳐져야 한다. 충실한 내용과 해박한 지식으로 종횡무진 청중을 사로잡되 끝까지 겸허한 자세를 유지해야만 정말 좋은 프레젠터가 될 수 있다.

쉽게 말하되 특별하게 말하라

프레젠터의 말은 청중이 쉽게 이해할 수 있어야 한다. 그러나 프레젠터의 어휘가 일상적이거나 너무 평범한 어투로만 지속된다면 의외로 청중들의 반응은 프레젠터의 수준을 낮게 생각할 것이다. 프레젠터가 너무나 상식적인 언어만 사용한다면 청중은 그 내용을 쉽게 이해하고 받아들이겠지만 프레젠터의 수준에 대해서 신뢰하지 않게 된다. 그래서 프레젠터는 어려운 이론과 전문적인 용어를 적절하게 사용해야 한다. 그래야 프레젠터가 설명하는 분야를 잘 인지하고 있다고 청중이 인식할 수 있다.

열정을 가지고 진지하게 말하라

프레젠터가 특별한 재주가 없더라도 나름대로 열심히 준비하고 열정을 가지고 전달하는 모습을 청중들이 인식하게 되면, 전달내용이 허무맹랑한 것이 아닌 경우 대부분의 청중들은 그 프레젠터에 대해서 계속적인 호감을 가지게 된다.

프레젠터가 청중의 지루함이나 부담을 줄이기 위해 유머를 섞어 발표할 필요는 있지만 경망스럽거나 반복적으로 재치를 발휘하고 개그스타일로 프레젠테이션을 이끌고 나가는 것은 프레젠터의 품위를 떨어뜨리는 행동이 된다.

프레젠터는 자신이 느끼고 있는 열정을 청중이 볼 수 있도록 진지한 태도로 청중에게 자신의 메시지를 전달하도록 해야 할 것이다.

효과적으로 의사를 나타내라

청중에게 프레젠터의 의사를 보다 정확히 전달하기 위해서는 꼭 필요한 줄거리나 중심 내용만이 아닌, 그것을 기억하도록 돕는 일이 필요하다. 인간은 이야기를 듣고 처음부터 끝까지 다 기억할 수 있는 것이 아니므로 프리젠터는 중심된 내용과 핵심을 보다 효과적으로 청중에게 전달하며 인식시키기 위해서 다양한 노력을 해야 한다. 예를 들면, 자신의 직간접 체험을 들려주며 청중의 이해를 돕는다든지, 비슷한 이야기를 소재로 중심내용을 보다 구체적으로 이해할 수 있도록 설명해야 한다. 특히 프레젠테이션에 사용할 목적으로 수집된 예화가 있다면 청중의 수준, 주어진 시간 등을 고려하여 적절하게 각색을 함으로써 청중의 이해와 기억을 도와 효과적으로 의사를 전달할 수 있다.

청중의 주의력을 잡아라

프레젠테이션 기법의 핵심은 청중이 관심을 갖게 하는 것이다. 그것은 프레젠터가 자기의 생각을 명확하게 전달하고 이해시키기 위해서는 무엇보다 청중의 경청하는 자세가 전제되어야 하기 때문이다. 그러기 위해서 프레젠테이션을 지루하게 이끄는 것은 금물이다. 따라서 청중이 지속적인 관심을 가질 수 있도록 구체적인 사례가 강조된 에피소드를 많이 준비해야 하며, 프레젠테이션의 주 내용도 충분히 숙지하고 있어야 한다.

그것은 언제나 청중이 실화에 많은 관심을 보이기 때문이며, 일상보다 조금 빠른 속도로 말하면 프레젠터가 확신을 가지고 말하는 것이 되어서 청중의 지각능력이 보다 큰 반응을 보이기 때문이다. 따라서 프레젠터는 모든 것을 철저하게 준비하여 적절한 타이밍에 맞춰 신선한 화제를 제공하고 템포를 리듬감 있게 유지하여서 청중의 주의력을 잡아야 한다.

확실하게 끝내라

통상적으로 5분 늦게 시작하고 5분 일찍 끝내라는 말을 한다. 그것은 프레젠터가 결코 주어진 시간을 넘겨서는 효과적인 전달을 할 수 없다는 것을 말한다. 그래서 시간에 대한 변명어린 발언은 특히 금해야 한다. 프레젠터는 자기에게 주어진 일정한 시간을 활용하여 하고 싶은 말을 다 해야 한다는 제한을 받는다. 즉 종료 시간은 철저하게 지켜주어야 한다는 것이다. 아무리 유익한 내용이라고 해도 시간을 질질 끌어가며 이야기를 하면 메시지를 전달하는 효과가 떨어진다. 이야기의 핵심을 부각시키는 짧고 명쾌한 마무리로 프레젠테이션이 시간 안에 끝날 수 있도록 해야 한다는 것을 프레젠터는 항상 기억해야 한다.

결국 프레젠테이션의 목적은 정보의 전달이나 설득에 있다. 정보 전달을 목적으로 할 경우에는 청중들에게 참신한 내용을 전달해야 하고, 설득을 목적으로 할 때에는 주제와 관련된 증거를 제시하면서 문제를 해결할 수 있는 방안을 말하며 호소하는 방식으로 한다. 그러나 사전에 염두에 둘 것은 이 모든 것들이 내용에 있어서 어렵거나 쉬운 것이 아니라 청중의 수준에 맞고 주의를 끌 수 있는 주제가 되어야 한다는 것이다. 그러기 위해서 프레젠터는 정보화 시대에 맞추어 정보를 가지고 있어야 하며 또한 정보 관리 능력이 있어야 한다.

그것은 현 시대는 정보도 곧바로 현금이 되는 시대이기 때문이다. 남보다 더 뛰어난 프레젠터가 되기 위해서는 전달하는 방법인 화법에도 신경을 써야 하지만 전달하고자 하는 내용인 정보에도 많은 관심을 가져야 한다. 정보화 시대에 프레젠터에게 필요한 정보관리 요령 10가지를 설명함으로 프레젠테이션에 대한 내용을 마무리한다.

가. 메모리 하라

좋은 프레젠터가 되는 것은 다른 사람이 이야기할 때나 좋은 아이디어나 주제가 생각날 때, 그 핵심을 정리하여 기록하는 것이다. 통상적으로 제목은 한 문장으로, 내용은 30자 정도로 요약하는 것이 좋다. 메모를 소홀히 하면 막상 필요한 자료를 찾을 때 애를 먹게 된다. 메모된 자료는 필요시 자기가 원하는 보물을 찾을 수 있는 지도가 된다는 것을 잊어서는 안 된다. 그리고 효과적으로 메모를 하기 위해서는 언제나 시스템 다이어리나 전자수첩 등을 몸에 지니고 다는 것이 필요하다.

나. 사람을 활용하라

정보의 원천이 되는 것은 일차적으로 사람이다. 정보를 이용하는 것도 사람이며, 그 정보를 전하거나 듣는 것도 사람이라는 것이다. 그래서 프레젠터는 많은 인간관계를 가지고 있어야 한다. 이를 위해서는 처음 만나는 사람이나 모르는 사람이 주는 명함도 잘 관리하여야 한다. 명함집이나 주소록 관리는 필수로 해야 한다. 그리고 더 나아가 인터넷을 통해서 정보 메일을 보내는 사람이나 게시판에 자신이 필요한 정보를 올리는 사람과도 이메일을 통해서라도 대화를 시도하는 것이 바람직하다.

다. 대중매체의 광고를 활용하라

우리가 무심코 대하는 대중매체를 통한 내용에도 많은 정보의 힌트가 숨겨져 있다. 대중매체를 유심히 보면 사람들의 관심사가 무엇인지를 알 수가 있다. 가장 유익한 아이디어는 현대 문화의 꽃이라고 볼 수 있는 광고에 숨겨져 있는 경우가 많다. 광고는 특정 회사가 어필하고자 하는 내용을 가장 효과적으로 보여주기 위한 수단으로 많은 사람들에게 공감할 수 있는 방법을 동원하고 있다. 그러므로 광고를 통해서 배우는 전략이 필요하다.

라. 자기에게 맞게 꾸며라

수집된 정보는 그 기호에 있어서 제각각이다. 완성된 것이 아니라서 그대로 전달될 경우에는 단편적인 수단밖에 될 수가 없다. 그래서 프레젠터는 그 정보를 가지고 자신의 입맛에 따라서 적절하게 요리하여 사용해야 한다. 아무리 좋은 내용이라도 자기가 잘 전할 수 있는 것이 아니면 효과적일 수 없다. 그 정보가 자기 것이 되도록 만드는 것은 프레젠터가 신경 써야 할 부분 중에 하나이다.

마. 정리하라

잘 이해가 되지 않는 내용의 정보도 깔끔하고 일목요연하게 정리되면 이해가 쉽다. 그리고 정보를 정리하다 보면 그 논리적 흐름이 매끄럽지 못한 부분이나 자신이 잘 모르는 것을 발견하게 되어 그 정보의 내용에 대해 공부할 것이 무엇인지를 알게 된다. 따라서 컴퓨터에 정보를 조직적으로 정리하는 것이 필요하고, 할 수만 있다면 그 정보를 데이터 베이스화하여 파워포인트로 만들어 둘 필요가 있다. 그러면 프레젠터가 필요시에 프레젠테이션을 쉽게 할 수 있는 자료가 되기 때문이다.

바. 노하우보다는 노웨어(no-where)임을 명심하라

자기만의 노하우를 가지고 있다는 것은 매우 좋은 일이다. 그러나 자기 혼자 만능 천재가 될 수는 없는 법이다. 아무리 뛰어나도 막대한 정보의 내용을 혼자서 다 만들어 낼 수 없다. 따라서 내가 얼만큼 많이 가지고 있는가 하는 것은 정보를 얻을 수 있는 곳이 얼마나 되는가에 달려 있다. 일차적으로 정보는 그 방면의 전문가와 경험자들의 지식을 습득하는 것에서부터 프레젠터에게 넘겨진다. 따라서 정보의 중요 원천 가운데 하나인 책을 손에서 떼지 않는 습관이 필요하다. 언제나 짧은 시간 가운데서도 책을 읽는 습관을 갖는 것은 다른 사람의 경험을 가장 적은 돈으로 살 수 있는 기회인 것을 명심하라.

사. 타이밍을 생각하라

정보의 내용과 양도 중요하지만 그 정보가 적절한 시대성을 지니고 있는가가 무엇보다 중요하다. 청중은 자기에게 필요한 말을 할 때에만 경청하는 청취력이 높아진다. 따라서 프레젠터는 자신이 가지고 있는 정보가 현 시대를 얼마나 반영하고 있으며 최신의 것인지를 살펴보아야 한다. 그러기 위해서는 과거의 일반 상식적 정보에 대해서는 이미 숙고한 상태가 되어 있어야 하는 것은 물론이고 현 시대의 새로운 과학적 발견이나 용어, 관심, 문화 등에 익숙해져야 한다. 이것은 신문을 통해서 접할 수 있으며 인터넷 게시판에서 주된 토의거리를 살펴본다면 유익할 것이다.

아. 쓰레기 정보는 버려라

정보에도 생명이 있다. 남들이 다 아는 식상한 정보는 가지고 있을 필요가 없다. 정보의 내용은 많지만 그 질에 있어서 수준이 낮다면 그것은 프레젠터로 하여금 관리하기만 힘들게 할 뿐이다. 필요 없는 너무 많은 정보는 없는 것과 마찬가지이다. 정보의 원활한 유통을 위해서 생명이 다한 불필요한 정보는 정기적으로 버릴 각오를 해야 한다. 구슬이서 말이라도 꿰어야 보배라는 말이 있지만 꿰어진 구슬 가운데 진짜 옥은 별로 없고 이미테이션만 많다면 보배로서의 가치가 없다는 말이다.

자. 정보를 공유하라

아무리 좋고 많은 정보도 공유되지 않고 한 곳에만 있는 경우에는 폐기처분할 수밖에 없는 정보에 지나지 않는다. 누군가 자신의 정보를 보고 평가해 줄 수 있는 사람이 있어야 한다. 그리고 상대가 가진 정보와 자기가 가진 정보의 상호교환을 통해서 서로 유익을 공유해야 한다. 자신의 정보만 중시하여 간직하고 그것을 공개하지 않고 끌어안고 산다면 그때부터 프레젠터 자신의 정보는 퇴색하게 된다는 것이다. 즉 정보는 물과 같이 썩지 않도록 항상 흐르게 해야 한다는 것이다. 아주 좋은 신약이나 소프트웨어도 임상기간과 시험기간을 가지듯이 좋은 정보가 있다면 다른 이들과 공유하여 그 정보의 가치를 평가받을 필요가 있다.

차. 정보 관리를 위해 투자하라

이것은 프레젠터에게 아주 중요한 것이다. 많은 사람들이 정보의 중요성을 인식하면서도 정작 그 정보관리를 위해서는 투자하기를 꺼린다. 그러나 현대에서 정보는 곧 상품이다. 그래서 좋은 정보를 생산하고 보유하기 원한다면 투자를 아껴서는 안 된다. 특히 정보관리를 위해서 정보 저장매체들의 구입과 사용방법의 숙지는 필수이다. 따라서 좋은 프레젠터가 되기 위해서는 녹음기(MD), PDA, Note-Book 등은 필히 갖추어야 하며, 이 기기들의 사용방법은 물론 정보관리에 필요한 컴퓨터 프로그램을 배우는 데에도 시간과 돈을 투자해야 한다.

" 실제적으로 노련한 프레젠터들도 청중을 앞에 두고
는 긴장을 하는 법이다. 우리가 좋은 프레젠테이션
을 하기 위해선 무엇보다도 먼저 여유있는 마음을 가
져야 한다. 그리고 나서 아래의 실제적인 지침들을
따라서 하게 되면 능력 있는 프레젠터가 될 수 있다.
"

Part 7.
스피치의
영향력과
대화의
중요성

Part7

"현대를 기록할 장래의 역사가들은 현대가 커뮤니케이션의 시대
라는 것을 부인하기 어려울 것이다."라고 철학자 리차드 메케온(Richard
Mckeon)은 말하고 있다. 그렇다면 그 이유는 무엇일까? 그것은 통신 기
술과 교통 기관의 발달로 인종 간, 국가 간, 또는 지역 간의 장벽이 무
너져 인간들이 서로 접촉할 기회가 늘었기 때문일 것이다. 또한 사회의
대중화와 이질화로 인하여 개인과 개인 사이에 친밀하면서도 진정한 의
사소통이 제대로 이루어지지 않고 있기에 커뮤니케이션의 중요한 기능
이 더욱 부각되기 때문이다.

1. 스피치의 영향력

현대는 소통의 시대라고 할 수 있다. 성공을 꿈꾸며 미래를 준비하

는 사람이라면 소통의 한 방편인 스피치를 무시할 수가 없을 것이다. 소위 성공했다는 사람들의 면면을 들여다보면 그들은 스피치를 연단과 강단뿐만 아니라 일상에서도 잘 활용하며 상대방에게 자신의 이미지를 잘 부각시킬 뿐만 아니라 좋은 인간관계 형성을 이끌어낸다는 것을 알 수 있다.

상대방을 배려하고 품위를 갖춘 스피치를 통해 인간관계를 깊이 있게 형성하고, 그런 인간관계를 바탕으로 사회적 지명도를 끌어올리며, 조직의 이익에까지 기여하는 것을 우리는 많은 성공한 리더들을 보면서 알 수 있다.

이처럼 스피치는 현대를 살아가는 사람들에게 매우 유익하며 놓칠 수 없는 부분이지만 많은 이들이 이러한 스피치의 중요한 영향력에 대해 간과하고 있다.

앞으로 스피치와 대화의 중요성에 대해 살펴보며 스피치가 현대를 살아가는 우리에게 어떠한 영향력이 있는지 구체적으로 살펴보자.

미국의 연구자료에 의하면 많은 미국인들은 다양한 대화기술을 적절하게 수행하지 못하고 있다는 분석이다. 조사대상자의 10-50%가 표현 능력의 부족과 대화 내용의 분석 능력이 떨어지며, 질문에 대한 명확한 답변이 어렵거나 자신의 의견을 명확하게 표현해 내는 것에 대해 어려움을 겪고 있는 것으로 나타났다.

이러한 연구를 통해서가 아니어도 우리는 경험적으로 주변의 많은 이들을 통해 또한 매체의 소식들을 접하면서 소통능력이 떨어졌을 때 겪는 어려움에 대해 익히 들어왔다.

그리고 그것이 각종 범죄나 사회 분열 등 얼마나 큰 파장을 불러오는지를 잘 알고 있다. 말하자면 대화능력의 부족은 두 사람간의 소통의 문제를 넘어서 사회적 문제, 세계적인 문제까지도 야기할 수 있는 일이라는 것이다.

대화와 소통의 어려움을 겪는 사람들은 그렇지 않은 사람보다 성격장애라든가 우울증, 조울증, 불안, 초조, 대인기피증, 공항장애 등 사회 부적응으로까지 어려움이 확대될 가능성이 높은 것으로 나타났다.

그것은 일반적인 사회생활을 제대로 할 수 없다는 것이며, 원만한 사회생활과 더불어 자신의 인생을 성공으로 이끌어 가려면 대화의 능력을 키우고 소통의 세계로 나아가야 한다는 사실이 필수라는 것이다.

이제 성공한 한 기업의 CEO로서뿐만 아니라 탁월한 스피치로 전 세계의 많은 이들에게 비전과 공감을 불러 일으켰던 세기의 명 CEO 스티브 잡스에 대해 얘기해 보고자 한다.

《하버드 비즈니스 리뷰》는 2010년 1월, 지난 10년 동안 세계 경제를 이끌어 온 최고의 CEO로 애플사의 스티브 잡스를 선정했다.

그가 최고의 CEO로 선정된 이유는 기존의 것들과는 다른 신개념의 제품으로 특정할 수 없는 대중의 필요를 끊임없이 충족하려 애썼고, 시대의 흐름을 꿰뚫어 기업의 이익과 사회의 요구에 부응했기 때문일 것이다. 그 밑바탕 역시 '소통'이라는 이해와 맞물리는 것이겠지만 더 나아가서 생각해 보면 그가 최고의 CEO로 선정된 배경에는 대중을 향해 쏟아놓았던 그의 스피치를 빼놓을 수가 없을 것이다.

그의 스피치를 통해서 얼마나 많은 이들이 영감을 얻었으며 과거에 묶여 있지 않고 미래를 바라보는 꿈을 꾸게 되었는가. 또한 그의 예술을 방불케 했던 프레젠테이션은 스피치의 최고봉이라고 할 수 있었다. 그가 가지고 있던 창의적인 생각과 독특한 영감이, 그리고 그 결과물들이 그의 스피치를 통해 얼마나 많은 대중에게 전달되고 새로운 영감이 창출되었고 새로운 결과물들을 쏟아내었는가를 생각해 보면 스피치가 얼마나 영향력이 강한가를 알 수 있다.

자선사업가로 알려진 잡지사 기자 브루크 애스토어 역시 스피치의 힘으로 성공한 사람이다. 그는 "발자국(Footprints)"에서 자신의 성공비결로 대화를 꼽았다.

그는 아주 어릴 때부터 인간관계의 중요성에 대해 배웠으며 그 방법의 한 가지로 대화에 대한 중요성을 배웠다고 한다. 그는 다른 사람들과 생각과 의견 교환뿐 아니라 기쁨과 즐거움, 슬픔과 괴로움도 함께 나누게 되다 보니 자연스럽게 사람들이 주변에 몰리게 되고 행운이 찾아오게 되었다고 말한다.

그는 공식적인 교육은 한 번도 받지 못했지만 대화를 잘하는 것으로 운명을 바꾼 사람이다. 그의 어머니는 그가 어렸을 때부터 어른들의 대화에 그를 끼워 주었고 자연스럽게 분위기를 이끌어 주었다고 한다. 그렇기 때문에 어른들의 이야기가 점점 더 어려워지고 도무지 이해할 수 없을 때도, 그 분위기에 매력을 느껴 대화 속에 더 깊이 빠져 들어갈 수 있었다고 한다. 어른들 속에서 자신이 느끼는 점을 자연스럽게 표현하면서 자랐기 때문에 그는 이 세상 누구와도 진실된 대화를 나눌 수 있는 힘을 갖게 된 것이다.

브루크 애스토어는 잡지사 기자로 성공하였고, 뉴욕시 최고의 명사로 알려졌으며 엄청난 유산을 물려받아 자선사업가로 이름을 날린 인물이다.

성공한 두 사람의 예로 살펴본 것과 같이 스피치와 대화의 힘은 자신뿐만 아니라 주변과 사회에 또한 전 세계에 영향을 준다는 것을 간과해선 안 되겠다.

2. 스피치와 대화의 구분

1) 스피치

예전과 달리 현대 사회는 말을 잘하는 사람이 각광받는 시대가 되었다. 우리나라는 서구와는 달리 과묵한 것을 덕으로 생각하는 풍토가 있어 '가만히만 있으면 중간은 간다'라는 속담에 익숙한 것이 사실이었지만 요즘은 정보화 사회가 되면서 자신을 잘 표현하고 자신의 소신을 조리 있게 말할 줄 아는 것이 요구된다.

말이라는 것은 사람의 생각이나 느낌을 소리로 나타내는 것이다. 광범위하게는 그 행위라고 할 수 있겠다. 영어로 스피치(speech)라는 표현은 말하기, 화법, 말씨, 말투 등 말하는 능력을 통칭한다. 영국과 미국인들은 주로 Speech를 연설이라는 의미로 사용하지만 Speech란 웅변, 연설, 토론과 토의, 대화, 담화, 언어능력, 커뮤니케이션 등에 이르기까지 넓은 의미로 쓰이기도 한다.

그러나 일반적으로 스피치는 영미인들이 사용하는 의미와 마찬가지로 주어진 시간과 장소에서 다수의 사람을 대상으로 기술적으로 말하는 것을 뜻한다. 따라서 스피치는 다수에게 자기표현을 하는 탁월한 수단이며 경쟁시대를 살아가며 자기의 생각과 의견을 피력할 수 있는 필수불가결한 도구이기도 하다.

2) 대화

대화란 무엇일까? 대화(對話)의 사전적 의미는 상대방과 마주하여 이야기를 주고받는 것이다. 영어로는 컨버세이션(conversation), 토크(talk) 등으로 쓸 수 있겠지만 또 다른 표현으로 커뮤니케이션(communication)이라고도 한다.

사실 커뮤니케이션은 대화보다 더 넓은 의미로 사용된다. 사전적 의미로는 사람들끼리 서로 생각, 느낌 따위의 정보를 주고받는 일, 그리고 말이나 글, 그 밖의 소리, 표정, 몸짓 따위 등으로 설명할 수 있는데 그 의미의 폭이 확대되어 '의사소통' '의사 전달'로 순화하였다. 말하자면 정신적·심리적인 부분을 서로 주고받는다는 의미가 포함되어 있다고 할 수 있다.

커뮤니케이션의 어원은 라틴어의 '나누다'를 의미하는 'communicare'인데 신(神)이 자신의 덕(德)을 인간에게 나누어 준다는 데에 그 본래의 뜻이 있다. 아무튼 현재 커뮤니케이션은 어떤 사실이나 정보를 나누는 심리적인 전달과 소통의 뜻으로 쓰인다.

말과 스피치, 대화와 커뮤니케이션은 비슷한 것 같지만 결과적으로는 차이가 있다. 말과 스피치를 잘 한다고 해서 반드시 대화나 커뮤니케이션을 잘하는 것은 아니다. 말과 스피치는 상대방에게 즉각적 반응을 요구하지 않는 일방적인 것이라고 한다면, 대화나 커뮤니케이션은 서로의 생각과 정보가 교류하고 상호 작용하는 쌍방적인 것이라고 볼 수 있기 때문이다. 따라서 말을 잘하는 것은 상대방에게 반드시 좋은 결과를 얻는 것은 아니나 대화를 잘한다는 것은 자신이 가진 정보나 지식, 생각과 아이디어 등을 전달해서 동의나 공감을 바로 얻어 낼 수 있는 것이라 할 수 있다.

3. 스피치 능력의 향상

1) 상대방에 대한 깊이 있는 이해가 필요하다

세상에는 다양한 사람들이 살아가고 있다. 크게는 노인과 성인과 청년과 청소년과 어린이, 여자와 남자 등으로 구분하지만 조금만 더 들여다보면 얼마나 다양한 계층과 성격의 사람들이 존재하는지를 알 수 있다.

상대방과 대화를 잘 하던 사람도 대중과 소통할 때 어려움을 겪는가 하면 대인관계가 원만하지 않은 사람도 어떤 사람과는 대화가 잘 되는 것을 볼 수 있다.

때로는 대화를 하다가 예기치 않은 오해가 생겨 원만한 관계에 금이 가는 일이 생기기도 하고 반대로 대화를 통해 오해했던 부분들이 해소되는 것을 볼 수 있다.

상대방에 대한 배려와 함께 마음의 문을 열고 대화하는 것도 중요하지만 대화하는 사람이 사용하는 언어가 주는 의미를 상대방이 어떻게 받아들였는지에 따라 결과가 다르게 나타나기도 한다고 할 수 있다. 이것은 의미 전달의 방법적인 문제라고 할 수 있겠다.

남녀 간 세대 간의 갈등을 풀고 대화하여 원만한 관계로 나아가기 위해서는 상대방에 대한 이해와 그에 따른 의미 전달의 방법을 터득하는 것이 필요한 것이다.

여자와 남자의 다른 점에 대한 이해를 돕기 위해 《화성에서 온 남자와 금성에서 온 여자》라는 책에서 얘기하고 있는 남자와 여자의 차이와, 그것으로 인한 관계의 어려움과 그 이해에 대해 들여다보자.

남자는 화성에서 오고 여자는 금성에서 왔다는 설정은 전혀 다른 공간에서 살아온 두 사람에게는 여러 가지 차이가 있을 수밖에 없다는 것을 말한다. 그럼에도 처음에는 좋아하는 감정 때문에 관계적인 문제가 없었다. 그러나 시간이 지날수록 관계가 어긋나기 시작한다. 좋아하는 감정만으로는 해결할 수 없는 소통의 장애가 생겼기 때문이다. 일단 언어가 다르다는 것은 문화와 사고, 성격 등의 차이에서 오는 서로에 대한 거리를 좁히는 것이 쉽지 않다는 것이다. 점점 감정의 고조로 이어진다는 설정을 통해서 상대방에 맞는 적절한 언어가 소통에 얼마나 중요한지 보여 주고 있는 것이다.

비단 화성과 금성이라는 거리적인, 공간적인 차원을 떠나 우리의 전인적인 부분들에 대한 차별적 이해가 필요하고 그에 맞는 언어의 사용이 필요하다. 상대방을 이해하며 상대방에 맞게 의미를 전달하는 대화는 어떤 문제에 부딪쳤을 때 문제를 풀 수 있는 첫 단추이다.

따라서 상대방의 상황과 환경, 성격 등을 이해하고 그에 맞는 대화를 해 나가야 한다는 것은 원만하고 좋은 관계를 유지하기 위한 필수적인 것이며 자신의 주장만 강조된 대화는 오해를 불러오기 쉽다는 것을 항상 기억해야 한다.

2) 상대방이 전하려는 의미를 제대로 파악하자

상대방의 상황과 환경, 성격에 맞게 대화를 해야 하는 것도 중요하지만 상대방이 말하고 있는 의도를 잘 파악해서 대화해야 한다는 것도 매우 중요하다.

많은 사람들이 상대방을 배려한다는 이유를 들어 혹은 자신의 생각이나 상황을 솔직하게 얘기할 수 없을 때 우회적인 표현을 많이 사용한다. 우회적인 표현은 원만한 대화와 관계를 위해 꼭 필요한 부분이지만 자칫 오해를 불러오기도 하고 의미전달이 제대로 되지 않아 예기치 않은 상황을 만나게 되기도 한다.

우선은 상대방이 전하려는 의미를 파악함에 앞서 긍정적인 마음으로 의미를 받아들이는 것이 필요하다.

일상적인 쉬운 예로 처음 만난 여성에게 "어디서 많이 뵌 분 같아요."라는 말은 친숙한 이미지여서 친해지고 싶다는 의미가 포함되어 있지만 자칫 평범한 인상이라는 의미로 전달될 수 있다.

만났다가 헤어질 때 "나중에 연락할께요"라는 말은 상황에 따라 의미없이 예의상 던진 말일 경우가 있고, 혹은 헤어지며 만남의 시간이 부족한 것에 대해 차후를 기약하려는 진심이 포함된 의미인 경우가 있는데 그 상황과 상대방과의 관계에 따라 의미가 달라진다는 것에 대한 이해가 필요하다.

그리고 더 나아가 비즈니스 대화 가운데서 오해가 발생해 커다란 문제가 야기되는 경우가 있다. 세부적인 항목들을 세세히 서류상으로 다루지 않고 대화로만 하다가 계약 바로 전이라든지 이후에 서로 의미전달이 잘못된 부분으로 인해 계약이 파기된다든지 재설정 계약으로 시간이 미뤄진다든지 하는 경우가 발생된다. 대화의 의미 전달부분이 얼마나 큰 손해의 원인이 될 수도 있는지를 재고해 보아야 하는 예이다.

많은 말을 하기보다는 자신이 하고자 하는 말의 의미를 잘 전달해야 할 뿐만 아니라 상대방이 하는 말의 의미를 잘 이해해야 하는 것이 대화방법의 핵심 요소라 할 수 있다.

3) 직관을 무시하지 마라

우리 인류 역사상 위대한 의사 결정은 대부분 직관(直觀)에 의한 것이라는 것을 알고 있는 사람이 많지 않다. 많은 중대한 결정들이 직관에 의해 이루어지고 있다는 것을 간과할 수 없다. 직관은 순간적인 판단에 의해서 이루어지므로 매우 신중해야 한다.

또한 직관은 논리적인 추론과정 없이 바로 어떠한 결과에 도달하는 것이다. 사람들이 근거가 미흡하다는 이유로 직관을 신뢰하지 않지만 많은 과학적 원리나 이론들이 직관에 의해 창조되었다. 이런 직관이 가능한 것은 잠재의식 속에 많은 판단 기준과 방법, 지식과 요령 등이 존재하기 때문이다. 그것에 의해서 자동적으로 판단이 가능해지는 것이다.

한편, 신중한 사람일수록 결정해야 할 일에 앞서 많은 정보 수집과 긴 시간을 필요로 한다. 이것은 위험부담을 줄여주기는 하지만, 이것이 오히려 좋지 않은 결과를 낳는 일이 되기도 한다.

대화 속에서도 어떤 신속한 판단이 요구되는 경우가 많다. 그러나 우유부단한 모습을 보이거나 신속하게 결정을 내려 말하지 못하면 상대방으로부터 확실하고 정확하다는 인상을 주기에 부족할 수 있으며 그로 인해 일을 그르치게 되는 경우가 생기기도 한다.

빌 게이츠는 "자주 직관에 의지하라"고 충고했다. 직관의 힘이 놀랄 만큼 정확하게 우리를 옳은 방향으로 이끈다는 것이다.

《Good to Great》 저자 짐 콜린스는 "유능한 경영인은 결정이 아무리 힘들고 어렵더라도 결코 미루지 않는다. 실패한 결정 10개 중 8개는 판단을 잘못 해서가 아니라 '제 때' 결정을 못 내렸기 때문에 실패한 것이다"라고 하여 신속한 의사결정의 중요성을 강조하고 있다.

그러나 직관이 항상 맞는 것은 아니다. 수학과 과학의 역사에서 직관은 중요한 역할을 하기도 했지만 많은 경우에서 혼동에 빠뜨리고 잘못 이끌기도 하였다. 이것은 많은 시행착오를 거치면서 바로잡히기까지 오랜 시간을 필요로 했다.

직관은 상대방이 생각, 느낌, 언어 등 행동이 말하는 것과 다를 때, 상대방의 생각과 타인의 생각이 다를 때에 사용할 수 있다. 그러나 직관으로 인해 지금까지 쌓아 온 신뢰 관계가 깨어지기도 하고 상대방에게 커다란 피해를 주게 되기도 한다.

직관 기법은 대화하는 상대방과 충분한 신뢰관계가 형성되기까지

가급적 사용을 하지 않는 것이 좋다. 상대방에 대한 충분한 이해와 평소 상황 판단이 많이 훈련되어야 한다는 것을 기억해야 한다.

경우에 따라서 합리적인 사고와 신중한 정보파악에 의하기보다 화자의 통찰력과 직관에 의한 신속한 의사결정을 필요로 하는 경우가 발생한다. 당연히 거기에 따른 책임도 지어야 하기에 직관으로 결정하는 것은 쉬운 것은 아니다. 그럼에도 역사상 위대한 의사결정은 대부분 직관에 의한 것이 많다는 것은 간과할 수 없다.

4) 처음부터 대화를 잘하는 사람은 없다

대화도 기술과 같이 잘 갈고닦아 사용해야 한다. 상대방을 이해하고 의미를 잘 파악하여 대화하기 위해서는 그만큼 노력이 필요하다. 대화를 잘 이끌어가고 말을 잘 하는 사람을 보면 우리는 흔히 타고났다고 표현하는 경우가 많다. 그러나 그것은 일정부분 잘못된 생각이다. 그 사람의 보이지 않는 노력의 결과인 경우가 많다는 것을 알아야 한다.

한 예로 아직도 명연설가로 전 세계인의 기억에 자리한 처칠의 경우를 보면 스피치와 대화가 얼마나 노력에 의해 빛을 발휘할 수 있는 것인지를 알 수 있다.

처칠은 해가 지지 않는 나라라는 대영제국에 커다란 시련이었던 제2차 세계대전을 성공적으로 이끌었던 영국의 수상이다. 그뿐 아니라 그는 노벨문학상을 수상하였으며 명 연설가로서 이름을 떨친 인물이기도 하다. 그런 처칠이 어릴 때부터 말을 잘하는 탁월한 사람은 아니었다. 오히려 말을 잘 못해서 문제인 사람이었다.

윈스턴 처칠은 조부와 아버지의 직업에 의해 아일랜드에서 어린 시절을 보냈다. 아버지 말버러 공작 7세는 재무장관을 지냈고, 어머니는 뉴욕 타임즈지의 최대 주주이자 미국의 부호로 꼽혔던 제롬가의 딸이었다. 이러한 처칠에 대해 다른 이들은 그가 유복한 가정의 손색없는 인생을 살았을 거라 생각하겠지만 실상은 그렇지 않았다.

그는 두 달 일찍 태어난 조산아로 지능발달이 늦어 학교생활에 적응하지 못하고 홀로 장난감 병정놀이를 하며 어린 시절을 보냈다. 그런 처칠을 가문의 수치로 여겼던 아버지는 어린 처칠에게 많은 상처를 주었으며, 그가 정신착란이 시작된 이후 처칠은 아버지의 폭언을 견뎌내야 했다. 그리고 부유한 미국인이었던 그의 어머니 또한 쾌락을 추구하여 늘 좋지 못한 소문이 따라 다녔다.

처칠은 태어날 때부터 몹시 병약하였다. 죽음에 이르는 순간까지도 병으로 고통스러웠고, 죽기까지 그는 늘 병과 씨름했어야 했다. 체격 또한 왜소하여 그것은 그에게 늘 크나큰 콤플렉스였다.

또한 어릴 적 학교에서의 성적은 거의 꼴찌에 가까울 만큼 좋지 못했다. 그래서 대학진학을 못했으며 육군사관학교를 지원했지만 두 번이나 떨어졌고, 세 번째에야 겨우 합격하였다. 어릴 때뿐만 아니라 그는 선거전에서 가장 많은 패배를 경험한 정치인으로 기록되어 있기도 하다.

그렇지만 그는 군에 입대하면서 체력 훈련에 몰두하여 신체적인 허약함을 이겨내려 애를 썼다. 그리고 학문에 대한 열등감은 하루 다섯 시간이 넘는 독서와 연구를 통해 자신만의 지식 체계를 이끌어내었다.

그는 자신의 소심한 성격을 극복하기 위해 전쟁에서 가장 치열한 전투에 자진하였다. 그는 제1차 세계대전에서는 해군장관에 임명되어 직을 잘 이행하였고 제2차 세계대전에서 영국인들의 역량을 최대한 끌어내어 영국을 지켜냈다.

그러나 다른 어떤 것보다 그를 끊임없이 노력한 시대의 명연설가로 인정할 수밖에 없도록 하는 것은 다른 것에 있다. 그의 혀는 일반인들보다 짧아서 몇몇 발음은 소리를 제대로 낼 수 없었으며 말더듬 증상도 갖고 있었던 것이다. 그는 자신의 그런 결점에 대해 포기하지 않았고, 짧은 혀로 인하여 발음이 안 되는 단어를 항상 연습했다. 그는 수많은 책을 읽으면서 표시해 두었던 문장들을 외워 대화에 사용하였다. 그리고 무대공포증을 없애기 위해 웅변기술을 끊임없이 익혔다. 즉석에서 말하는 것이 서툴렀던 그는 늘 연설문 원고를 미리 써서 암기하였다.

그런 그의 노력과 열정이 영국에서 수상을 두 번이나 지내도록 했으며 명연설가로, 노벨문학상 수장자로의 영예를 가질 수 있도록 하였다. 또한 영국에서 왕족 이외에 '국장'으로 장례를 치른 '가장 위대한 영국인'으로 지금까지도 기억되고 있다.

이렇게 위대한 노력의 결과는 흔한 것은 아니지만 우리 주변에는 연습과 노력의 결과로 대화요령을 체득하고 웅변연습과 끊임없는 학습으로 대화와 스피치를 잘 하게 된 사람들을 많이 만날 수가 있다. 정치인들과 기업의 대표들, 사회의 중역들도 강의를 들으며 부단한 노력을 한다는 것을 잊지 말아야 한다.

포기하지 않고 자신과 사회를 위해 끊임없이 노력한다면 시간이 지날수록 좋은 성과가 주어진다는 것은 진리이다.

5) 환경 속에 묻혀서 익혀라

말을 하는 것은 자연스러운 일이라 생각하지만, 환경에 의해 말이 얼마나 사회적인 요구에 맞는 능력을 필요로 하는 것인지를 생각해 볼 필요가 있다.

말이라는 것은 우리도 모르는 사이에 학습되고 필요에 의해서 방법을 익히게 된다. 가령 해외로 이민을 했을 경우 대체적으로 어린아이들이 어른보다 언어를 쉽게 익히는 것을 볼 수 있다. 그것은 아이들이 놀이언어로 시작하여 쉽게 상대방과 소통하기 때문이다. 아이들 역시 필요에 의해 상대방의 의미전달을 파악해야 하며 자신의 필요와 생각을 표현해야 하기 때문에 자신도 모르게 학습하게 되는 것이다.

문화적 이해와 성격이 굳어지지 않은 아이들은 더 쉽게 상대방의 언어를 자신의 필요에 맞춰서 쉽게 받아들이고 쉽게 전하게 되는 것이다. 그래서 아이들이 더 빨리 언어를 습득하게 되는 것을 볼 수 있다. 어른들 역시 많은 대화들이 오가는 환경 속에 노출되어 있는 사람들이 더욱 더 언어를 쉽게 익힌다.

매체를 통해서 늑대가 키운 아이에 대한 이야기는 매우 유명하다. 발견 당시 7, 8세 정도로 보였던 두 여자 아이는 급격한 환경변화에 육체적으로 또한 정신적으로도 적응하지 못했다. 주변의 노력에도 그들은 환경에 적응하는 것이 매우 힘들었으며 그것은 언어 습득에도 매우 큰 어려움이었다. 결국 그들은 매우 일찍 생을 마감하여 많은 이들의 안타까움을 자아냈다.

말이나 대화를 한다는 것은 사회 속에서 생활하면서 나타나는 것이기 때문에 그 사회의 문화에 의하여 인지한 것이든 아니든 학습에 의해 습득한 기능이라고 할 수 있다. 쉽게 말해 대화는 사람들과 부대끼며 배우는 것이다.

그러나 무작정 대화를 많이 해 보는 것이 중요한 것이 아니고 대화를 잘하는 사람들과의 대화를 통해 배우고 익혀야 한다. 그것은 좋은 인간관계를 유지하는 사람들과 섞여 함께 많은 시간을 보내고 그런 환경 속에서 알게 모르게 배우게 되는 것이 말과 대화를 잘하게 되는 데에 매우 큰 효과가 있다는 것이다. 상대방의 장점을 배우고, 나의 단점을 줄여가려는 노력을 하면서 대화의 기술이 점점 향상되는 것을 볼 수 있을 것이다.

대화를 잘 한다는 것은 사회의 요구에 맞는 원만한 인간관계로 가는 길이며 개인의 성장과 더불어 사회의 성장에 부응하는 것이다.

6) 거절하는 것에도 방법이 있다

누군가의 제안이나 부탁을 거절한다는 것은 쉬운 일이 아니다. 그 대상이 평소 좋은 관계를 유지한 사람일수록 거절은 더욱 어려운 것으로 다가온다. 자칫 상대방의 제안이나 부탁을 거절하는 과정에서 좋았던 사이가 불편한 사이가 되기도 하고 심하면 관계가 끊어지기도 한다. 그래서 부탁을 하는 것도 쉬운 일이 아니지만 부탁을 받는다는 것은 매우 어려운 일임에 틀림없다.

상대와 좋은 관계를 유지하기 위해 모든 부탁을 들어줄 수 없기에 우리는 적절하게 거절하는 방법을 터득해야 할 필요가 있다.

우리가 부탁을 받고 상황에 따라 거절을 했음에도 이전의 관계를 유지할 수 있는 요령을 익힌다면 좀 더 원만한 인간관계를 유지하고 유쾌한 사회생활을 해 나갈 수 있다. 거절할 때에도 원만한 관계를 위해서는 예의가 필요하다. 여기에 간단하게 그 방법적인 부분을 적어 보고자 한다.

① 제안을 받았을 때는 일단 상대방의 제안이나 부탁을 주의 깊게 들어주고 상대방의 상황을 이해하며 긍정적으로 생각하며 들어준다.

② 거절을 하기 전에는 항상 상대방에게 고민하는 모습을 보여준다.

③ "싫다" "안 된다"라는 직선적인 표현보다는 "조금 어렵겠다."라든가 "지금은 어렵겠다"라는 표현을 쓴다.

④ 부탁을 받고 바로 거절하는 것이 아니라 적어도 한두 시간 사항에 따라서는 하루이틀 혹은 필요하다면 일주일 정도의 시간을 두고 거절한다.

⑤ 자신의 확고한 기준을 이야기해 주고 부탁을 들어주지 못하는 이유를 이해하도록 한다.

⑥ 상대방이 절대 해서는 안 되는 일을 제안해 온다면 애매하게 표현하는 것이 아니라 단호하게 거절해야 한다.

사실 어떤 경우에서든지 거절한다는 것은 쉽지 않다. 거절은 상대방에게 자기를 거부한다는 의미로 받아들여지는 경우가 많아 관계의 손상을 입히기 쉽다. 그러므로 항상 상대방을 배려하고 좋은 관계를 유지하기 위해 신중하게 대처해야 한다.

7) 이렇게 설득하라–설득의 기술

설득은 상대방에게 다양한 방법으로 메시지를 전달하여 자신이 원하는 방향으로 생각하거나 행동하도록 동의를 이끌어 내는 커뮤니케이션이라 할 수 있다.

설득을 잘 하기 위해서는 좋은 이미지를 상대방에게 심어 주어야하며 신뢰할 수 있는 메시지를 전해야 한다. 또한 앞서 말한 바와 같이사람들이 지니고 있는 특성은 매우 다르다. 남녀노소의 차이라든지 각자 살아온 환경과 직업, 받은 교육이나 성격 등 어느 틀에 특정하여 구분할 수 없는 요소들이 많이 있다. 그렇기 때문에 나에게 맞는 방향으로 남을 설득하여 생각이나 행동을 이끌어 낸다는 것은 결코 쉬운 일이 아니다.

그러므로 이해를 돕기 위해 여러 다양한 개성의 사람들을 유형별로구분하여 상대방의 성향을 파악하고 그에 맞는 설득의 방법을 제시하여도움을 주고자 한다. 우선 가장 유명한 성격 유형 분석법인 'SCAF'에 대해 알아보고 설득의 방법을 익혀 보기로 한다.

SCAF란 상담심리 전문가 칼 로저스의 제자인 데이비드 라이백에의해 개발되었는데 인간의 감성지능을 바탕으로 성격 유형을 분석하는것이다. 분석의 핵심 기준은 '지배 수준'과 '감정 표출'인데 단순하고 직관적인 분석법을 사용한다.

SCAF는 Speaker(표출형), Carer(우호형), Achiever(성취형), Finder(분석형)등 4가지 유형으로 구분하여 성격을 분석하고 그에 따른 설득의 방법을 제시한다.

첫 번째로 표출형(Speaker)은 표현에 적극적이고, 언제나 활발하며 분위기를 이끄는 성향의 사람이다. 이들을 설득할 때는 상대방이 제시하는 정보에 감사의 표현을 많이 써 주는 것이 좋고 스스럼없이 대화하는 것이 좋다. 이런 성향의 사람들에게는 그들의 생각에 많이 동조해 주고 가벼운 농담을 나누는 것이 도움이 된다.

두 번째로 우호형(Carer)은 상대방의 생각과 기분에 쉽게 반응하고 동화되는 편이다. 조직과 집단에 관심이 많으며 특히 관계에 관심이 많으나 관계를 넓히려는 것보다는 기존의 관계를 유지하려는 성향이 있다. 이들을 설득할 때에는 어떤 것에 대한 비판보다는 배려하고 동조한다는 생각을 많이 표현한다. 또한 조직의 단합을 도모하는 데에 초점을 맞춰서 대화를 이끌어 가고, 정성을 담아 잘 준비된 자료를 제시하는 것이 도움이 된다.

세 번째로 성취형(Achiever)은 승부욕이 강해 승패에 관심이 많으며 경쟁하는 심리가 강한 성향의 사람이다. 이들은 경쟁 상대나 타인과의 관계에서 지는 것을 싫어하고 이익에 민감하다. 이들을 설득하기 위해서는 성과에 관련된 이야기를 하는 것이 좋다. 목표 달성과 기대효과를 보여주는 핵심내용을 다루면서 설득한다.

네 번째로 분석형(Finder)은 치밀하고 꼼꼼한 성격이다. 이들은 데이터를 만들어 주변과 공유하는 것을 좋아하며 자신의 감정과 의사를 잘 표현하지 않는 특징이 있다. 이들을 설득하기 위해서는 디테일한 자료와 데이터를 갖추고 상대해야 하며 논리적인 말로 설득해야 한다. 이들은 조직보다는 자신과의 연관성이나 이해관계가 더 중요하므로 상대방 개인에 초점을 맞춰서 설득하는 것이 설득력이 있다고 할 수 있다.

SCAF 분석에 의한 설득의 방법 외에도 여러 가지 성향 분석에 의한 설득의 방법이 있다.

이번에는 조금 더 구체화하여 성격을 분석해 보고 그것에 따른 설득의 요령에 대해서 배워 보도록 하자.

● 카리스마 있는 리더 타입

다른 사람보다 많은 정보를 가지고 있어 그것을 바탕으로 어떤 결정에 있어서 매우 자신감을 가지고 있다. 이들은 새로운 아이디어에 관심이 많다. 또한 책임감이 크기 때문에 자신의 말이나 행동에 맞는 결과를 도출하기 위해 애쓴다. 객관적인 정보나 사실을 매우 중요시하며 때로는 위험한 일도 과감하게 진행하려는 성향이 있다.

이런 성향의 사람에게는 토론을 하기보다는 이해하기 쉬운 설명과 솔직한 표현을 사용하는 것이 중요하다. 비주얼적인 프레젠테이션이 효과가 있으며 논리적이고 분석적인 설명이 필요하다. 성격이 급한 사람이 많으므로 핵심적인 부분을 먼저 설명하고 자존심을 만족시켜 준다.

● 언제나 '내가 잘났어'

소위 잘난체하는 사람들은 많은 이들의 지탄의 대상이 되기 쉽다. 하지만 이들도 남다른 개성으로 자신의 삶의 영역에서 자신의 몫을 한다는 것을 잊지 말아야 한다. 이들은 대부분 사람들의 이목이 자신에게 집중되는 것을 즐긴다. 또한 자신의 신상에 관한 일들을 확대하여 말하기도 한다. 야심가적인 면모도 있으며 자신보다 우월한 사람이 주변에 있는 것을 싫어한다. 대부분 자신의 기준이 정해져 있기 때문에 설득 당하는 것을 원하지 않는다.

이들에게는 이야기할 기회를 많이 줘서 충분히 만족감을 주는 것이 필요하다. 또한 여러 사람 앞에서 감사의 표현을 하는 것은 설득하기 좋은 배경을 확보하는 것이다. 이런 성격의 사람들을 설득하려면 그에 앞서 먼저 존중해야 하며 비평적 피드백이 꼭 필요할 때에는 예의를 갖추어 최대한 배려하며 해야 한다. 이들은 칭찬의 효과를 가장 쉽고 높게 볼 수 있는 성격의 사람들로 '전무후무하다' '대단하다' '멘토' '역시' '가치' '기회' 등의 표현을 쓰면 설득하는 데 도움이 된다.

● 더 커다란 가치를 위하여

사회적 가치를 중시하는 사람들은 개인보다는 집단의 가치를 지향하는 성향을 가지고 있다. 이들은 관계와 소통을 중요하게 여기며 큰 맥락을 다뤄 협력과 상생을 추구하기 때문에 다수의 이익과 조직의 가치에 중점을 둔 사고를 지니고 있다. 주로 따뜻하고 다정한 성격을 가지고 있고 어떤 상황에 대해 직관이 뛰어나며 공감능력 또한 우수하다.

지나치게 분석적이거나 비판적인 것은 피해야 하며 조화를 추구하는 대화를 해야 한다. 이들에게는 시내보다는 강줄기, 강보다 바다를 생각하는 그림을 제시해야 공감할 수 있는 영역이 확대된다. 성과와 행위에 대한 보상은 보다 빨리 우호적인 관계로 나갈 수 있으며 좋은 관계를 유지하며 설득할 수 있는 기회를 얻을 수 있다.

● 논리야 논리야

이론적으로 분석하고 자료가 뒷받침된 이야기에 큰 관심을 보인다.

독서량이 많아 지식이 풍부하고 언제나 논리적인 어투로 대중과 친해지기 어려운 인상을 보인다. 사색하고 깊이가 있으나 그로 인해 상대방에게 딱딱하다는 느낌을 주기도 한다. 이들은 위험한 것은 피하려는 성향이 강해 어떤 것을 결정할 때 많은 시간을 필요로 하기도 한다.

논리적이지 않으면 대화에 식상하므로 상대방의 논리적인 설명을 이해하도록 집중하면서 들어야 한다. 독서를 좋아하므로 공감할 수 있는 책을 읽고 함께 대화를 나누는 것도 좋다. 설득을 할 때에는 논리적인 방법으로 접근하여 시장조사라든지 케이스 스터디, 분석자료 등을 이용하는 것이 효과적이다. 한 가지 정보만이 아니라 다양한 데이터를 준비하여 이야기하는 것이 설득에 도움이 된다. 이런 유형은 외로워하는 성향이 있으므로 솔직하고 친근하게 다가가는 것이 필요하다.

● 안전이 제일이지

과거를 매우 중요하게 생각하며 비슷한 상황에서 어떤 결과가 있었는지가 어떤 것을 결정함에 있어서 상당히 중요한 비중을 가지고 있다.

잘못된 판단에 대한 두려움이 있어서 새로운 정책이나 아이디어를 도입하는 경우가 드물다. 또한 자신의 판단에 책임감이 강하므로 매우 신중하고 노력하는 성향이다.

이들을 설득할 때에는 과거의 사례를 잘 활용하여 제시하여야 한다. 중요한 것은 그들보다 앞서 나가 결정을 유도하기보다는 과거의 성공 사례를 보여주고 그의 판단을 기다리는 것이 지혜롭다.

설득을 위해 사용할 수 있는 단어로는 '상세' '신속' '전례에 따라' '전문성' '실적' '성실' 등을 들 수 있다.

● 잔꾀가 많은 타입

상황에 예민하게 반응하며 자신에게 이익이 되는 일에만 관심이 있으며 책임지는 일을 부담스러워하여 실리를 추구하는 성향의 사람들이다. 잔꾀가 많고 약삭빠르다는 평을 듣는다.

이들에게는 부담을 주는 것보다는 실질적인 보상이나 혜택에 대해 설명을 해 주고 구체적인 다짐이나 서류상의 약속을 받아 놓는 것이 좋다. 그리고 보상이나 혜택에 대한 것은 시기를 잘 명시해 주는 것이 도움이 된다. 이들은 창의적 아이디어를 높이 평가하는 편이어서 적용시킬 만한 현실적 방법을 제시하고 실행하여 신뢰를 형성하는 것이 필요하다.

" 예전과 달리 현대 사회는 말을 잘하는 사람이 각광

받는 시대가 되었다. 우리나라는 서구와는 달리 과

묵한 것을 덕으로 생각하는 풍토가 있어 '가만히만

있으면 중간은 간다'라는 속담에 익숙한 것이 사실

이었지만 요즘은 정보화 사회가 되면서 자신을 잘

표현하고 자신의 소신을 조리 있게 말할 줄 아는 것

이 요구된다. "

Part8.
스피치
능력 (대화능력)
진단

1) 대화능력 자가진단 및 훈련의 필요성

자신의 생각을 전달하고 상대방의 의사를 이해하는 것은 개개인마다 차이가 있다. 또한 상대방의 나이, 직책, 학력이나 연령, 성별에 따라서 그 전달과 이해가 달라지기도 한다. 그러나 대화는 누구에게나 필수적인 인간관계의 도구이며 부부사이뿐만 아니라 가정생활에서도 또한 사회공동체에서도 매우 중요하기에 상대에 맞게 잘 전달하고 상대의 의사를 제대로 이해하는 것은 반드시 필요하다. 또한 계약이라든지, 교육과 학습에도 매우 중요한 부분을 차지하여 정확한 의사전달과 이해를 위해서는 꾸준한 연습과 훈련이 요구된다.

대화능력 진단

앞에서 언급했듯이 대화능력은 노력에 의해 충분히 향상시킬 수 있다. 또한 대화는 모든 영역에서 필요하기 때문에 대화의 방법을 배우고 실제로 생활에서 연습하는 것이 필요하다. 설정에 의한 상황극이나 주제를 놓고 대화를 해보면서 연습을 하는 것도 좋은 방법이다. 그에 앞서 고쳐야 할 부분과 더 주의를 해야 할 부분을 점검하고 노력하는 것이 필요하다. 표준화된 진단을 위한 질문은 없지만 다음의 내용을 살펴보며 대화하면서 놓쳤던 부분을 다시 한 번 생각하고 스스로 진단해 보자.

- 대화를 시작하기 전에 무슨 말부터 할 것인지를 미리 준비하고 한다.
- 말을 할 때 나의 의견이나 생각을 정확하게 표현한다.
- 상대의 말을 들을 때, 한 번에 정확한 이해를 한다.
- 상대방의 이야기를 들을 때 전하고자 하는 이야기의 요점을 파악하려고 애를 쓴다.
- 상대방의 이야기를 들을 때 경청하며 듣는다.
- 의견이 맞지 않으면 먼저 상대방이 전달하고자 하는 의미를 먼저 파악하려고 애쓴다.
- 다음 말을 잇기 위해 신중히 생각한다.
- 상대방의 이야기 중에 틀린 부분을 대체로 지적하지 않는 편이다.
- 상대방의 상황을 잘 이해하려 애쓴다.
- 상대방의 눈을 쳐다보며 대화한다.
- 잘 이해할 수 없는 말에는 자세히 이야기해 달라고 요청한다.
- 상대방이 말을 마치기 전에 그가 무엇에 관심 있는지 예상한다.
- 상대방의 말을 끝까지 듣고 대답한다.
- 상대방이 말하는 내용이 잘 아는 것이라도 끝까지 잘 듣는다.
- 내가 하고자 하는 얘기보다 상대방이 하려는 이야기에 더 귀 기울

인다.

- 상대방이 하는 대화 내용이 현재의 상황과 관련이 없는 말이라고 생각할지라도, 상대방과의 대화에 집중력을 잃지 않는다.
- 상대방과 친숙하기 때문에 자주 상대방의 말을 내가 대신 마무리 지어 준다.
- 자주 상대방에게 다시 말해 달라고 하든가 분명하게 다시 말해 줄 것을 요청한다.
- 상대방이 말하려는 내용에 대해 이미 알고 있을 때, 대화의 신속한 진행을 위해 말을 중단시킨다.
- 나는 상대방이 나의 의견과 반대되는 정보를 제시해도 계속 대화할 수 있다.

위의 의사소통능력 진단과 대화능력 진단에서도 볼 수 있듯이 대화라는 것은 단순히 말하는 것만 훈련해서는 안 된다는 것을 알 수 있다. 대화능력을 키우려면 단순히 말하는 연습이나 훌륭한 강의를 듣고 컨설팅에 참여하는 것보다 상대방을 이해하려는 마음의 자세와 기본적으로 상대방의 말을 듣는 연습이 선행되어야 한다.

대화는 서로 다른 환경과 생각을 가진 사람들의 상호작용이므로 상대방과의 친숙도를 떠나 항상 상대방을 배려하고 경청하는 습관을 길러 성숙한 대화능력을 갖춰야 한다. 뿐만 아니라 그것을 통해 원숙한 인간관계로 나아가 삶의 질을 높여야 한다.

2) 커뮤니케이션 자가능력진단

셀프 커뮤니케이션

커뮤니케이션이란 누군가와의 상호작용이다. 그러나 셀프 커뮤니케이션은 그 누군가의 대상이 곧 나 자신이라는 점이 일반적인 커뮤니케이션과 다르다.

이는 다른 사람들과 의사소통을 하기에 앞서 반드시 필요한 부분이라 할 수 있겠다. 자신의 생각과 의견을 표현하기 위해서는 누구보다 자신에 대해 잘 알아야 하기 때문이다.

자기 내면의 의식을 깊이 있게 들여다보고 자신의 경험을 되짚어 생각하여 자신을 안다는 것은 쉬운 것은 아니지만, 자신을 또 다른 객체로 의식하여 대화를 나누는 것 또한 일반화된 것은 아니다.

요즘은 자신의 정체성을 스스로에게서보다 타인과의 교류 속에서 발견하려는 사람들을 많이 보게 된다. 그러나 자신을 잘 들여다보고 자신과 대화하는 습관을 길러내 자기 정체성을 확립하고 긍정적이고 자존감 있는 모습을 갖춰 나가는 것은 매우 중요하다. 그 결과로 사회 생활에서도 커뮤니케이션 능력 또한 향상된다는 점을 잊으면 안 된다. 또한 대화를 잘하는 사람들의 특징 가운데 하나가 셀프 커뮤니케이션에 익숙하다는 것이다.

"너는 잘 할 수 있어" "너는 좋은 사람이야" "어렵지만 이겨내자" 등 자신에게 이야기해 보는 것이 셀프 커뮤니케이션의 한 예라고 할 수 있겠다.

더 나아가 상대방과의 대화능력을 키우기 위한 셀프 커뮤니케이션을 예들 들어 설명해 보자 상대방과 대화하기에 앞서 혹은 대화를 진행하며 스스로에게 질문을 던져 본다.

- 이 사람과 어떻게 하면 편안하게 대화할 수 있을까?
- 이 사람에게 신뢰감을 얻으려면 어떻게 말을 시작해야 할까?
- 내가 이 사람과 대화를 하는 목적이 뭘까?
- 이 사람이 어떤 의도에서 말하고 있는지 알겠니?
- 이 사람이 나의 제안에 동의하는 걸까?
- 어떻게 말해야 이 사람이 나의 말에 동조할까?
- 내가 하는 말이 이 사람에게 부담되지는 않을까?
- 내가 원하는 방향으로 대화가 진행되고 있는 걸까?
- 이 사람이 나의 대화 의도를 정확히 이해하고 있는 걸까?
- 이 사람과의 대화에서 내가 이해하지 못하는 것은 무엇일까?
- 이 사람이 나의 생각을 받아들이기 어려운 장애물은 무엇일까?
- 이 사람한테 어떤 말을 하면 좋아할까?
- 이 사람의 이야기에 내가 동의하고 있는 것은 무엇일까?
- 이 사람에게 어떻게 말하면 내가 원하는 목표에 도달할 수 있을까?
- 내가 대화를 끝냈을 때 어떤 결과가 나올까?

커뮤니케이션 능력 진단

다음의 표를 통해 상대방과 대화나 의사소통(커뮤니케이션)을 하기 위해 자신이 얼마나 갖추어진 자세를 가지고 있는지 진단해 보자. 점수를 표시하고 그에 따라서 자신의 의사소통능력을 점검해 본다.

문항	점수
나는 주의력 집중 시간이 매우 길다	
나는 잘 기억한다	
나는 나 자신을 좋아한다	
나는 타인의 성격을 잘 판단한다	
나는 어휘력이 좋다	
나는 문장력이 특별히 좋다	
나는 타인들과 이야기할 때 그들이 손, 눈, 그리고 얼굴 표정 등을 어떻게 사용하는지 관찰한다	
나는 이야기할 때 매우 활기 있게 한다	
나는 사람들과 이야기하는 것을 즐긴다	
나는 말하기 전에 보통 생각한다	
나는 남의 말을 귀 기울여 잘 듣는다	
나는 뜻이 통하지 않는 말을 하는 사람들의 이야기도 관심을 갖고 듣는다	
나는 친구를 쉽게 사귄다	
나는 내가 만나는 사람마다 더 잘 알고자 노력한다	
나는 타인들과 이야기할 때 나의 감정을 표현한다	
나는 타인들에게 개방적이고 솔직하게 말한다	
나는 동성뿐만 아니라 이성과 얘기할 때도 똑같이 기분이 편하다	
나는 남성은 남성답게 여성은 여성답게 얘기해야 한다고 믿는다	
나는 나의 가족들과 자유롭게 의사소통한다	

나는 친구들이 괴로워할 때 그들에게 관심을 표현한다	
나는 적극적인 인생관을 가지고 있다	
대화 주제에 대해 나의 입장은 대체로 분명하다	
나는 사람들을 설득할 때 다양한 전략을 사용한다	

매우 그렇지 않다1   그렇지 않다 2   보통이다 3   그렇다 4   매우 그렇다 5

98점 이상 아주 좋음

97-67   보통

67점 이하 부족한 편

[출처] 심리학 콘텐츠 연구소 헤아림 https://blog.naver.com/2sat/220231900962

"

대화는 서로 다른 환경과 생각을 가진 사람들의 상
호작용이므로 상대방과의 친숙도를 떠나 항상 상대
방을 배려하고 경청하는 습관을 길러 성숙한 대화능
력을 갖춰야 한다. 뿐만 아니라 그것을 통해 원숙한
인간관계로 나아가 삶의 질을 높여야 한다.

"

Part 9.

실전교육사례로
배우는
스피치 기법

Part9

1) 아이컨택

어느 날 취업을 앞두고 면접을 준비하는 대학생이 상담을 하러 왔다. 그는 상당히 조용한 성격으로 말을 차분하게 이어갔으며 조리 있게 자신의 생각을 얘기했다. 어떻게 하면 면접을 할 때 좋은 이미지를 줄 수 있는지에 대해 궁금하여 이것저것 물어보고 이야기하던 그 대학생과 상담하면서 주의 깊게 살피며 대화하는 태도를 보게 되었고 오래지 않아 이 대학생의 문제점을 읽어 낼 수 있었다. 이 대학생은 이야기를 나누는 내내 나의 얼굴을 보지 않고 계속 다른 곳을 주시하며 대화하는 것이었다.

"저를 보면서 얘기하시는 게 좋겠는데요?"

그러나 그 대학생은 반복되는 충고에도 시선을 자꾸 다른 곳에 두는 것이었다. 그래서 면접을 잘 하기 위해서도 그렇지만 사람들과의 일반적인 대화에서도 좋지 않은 태도이기에 더 깊게 상담을 하게 되었다.

그 대학생은 어릴 때 매우 소심한 성격이었으며 특히 그의 부모는 어른에 대한 경의의 표시로 시선을 떨어뜨려야 한다는 것을 강조하며 교육했다는 것이다. 눈을 맞추고 바라보며 이야기하는 것이 버릇없는 것이라 배워 왔던 이 대학생은 소심한 성격이 더해져 평상시 사람들과의 대화에서도 시선을 다른데 두는 것을 습관처럼 해 왔던 것이다. 그래서 그 대학생에게 여러 번에 걸쳐 아이컨택하는 방법을 교육하였다.

말이라는 것은 입으로만 하는 것이 아니라 몸짓과 표정으로도 하는 것이며 눈만으로도 말할 수 있으며 상대의 기분을 파악하고 마음을 헤아릴 수 있다는 것을 설명했다. 그 대학생 역시 그것에 대해 모르지 않았지만 오랫동안 익숙해진 습관을 바꾸는 것이 쉽지가 않았다.

나는 눈을 바라보고 대화하는 것이 익숙하지 않은 그 대학생에게 처음에는 눈 대신 눈 주변과 코, 인중, 이마 쪽으로 시선을 두며 말하는 것을 연습시켰다.

처음에는 그렇게 하는 것조차 쉽지가 않아 보였다. 상대방의 얼굴을 보는 것을 굉장히 어색해 해서 자꾸 시선을 상대방을 지나쳐 다른 사물에 두고 대화를 하려고 했다.

여러 번의 반복을 통해 이 대학생은 얼굴을 바라보며 대화하는 것이 익숙해지기 시작했고 그동안 자기의 생각이 잘 전달되지 못했던 것과 자신 또한 다른 사람의 기분이나 생각을 잘 파악하지 못했던 것의 이유를 깨닫게 되었다. 생각해 보면 아주 쉬운 이유였지만 본인이 늘 가지고 있었던 습관이었기에 의식조차 하지 못했던 것이다.

그 대학생은 결국 면접에서 좋은 성적을 받았고 좋은 직장에 취업하여 찾아왔다. 그 이전보다 자신감 있게 대화하는 그 대학생을 보면서 아이컨택의 중요성을 다시 한 번 깨닫게 되었다.

2) 완벽주의

한번은 한 법학과 교수님이 상담을 하기 위해 방문을 하셨다. 그분은 자녀들과의 소통이 잘 되지 않아 늘 가정에서 외롭다는 기분이 든다고 털어놓았다. 처음에는 자녀들과의 소통만 문제가 된다고 생각했는데 계속해서 대화를 이어가다 보니 이분은 친구들이나 모임 속에서의 관계에도 문제가 있다는 걸 알게 되었다. 그것의 원인을 찾는 데에는 오랜 시간이 걸리지 않았다. 이분과 대화하여 시간이 얼마 되지 않아 이분이 그동안 사람들에게 그리고 자신에게 얼마나 힘들게 했는지 짐작이 갔다.

이 법학과 교수님은 모든 일에 원칙과 논리를 적용해야 하는 분이었다. 늘 신중할 뿐만 아니라 자신의 교수직에 대한 책임감으로 자신의 직분을 늘 고려해야 했기 때문에 작은 농담도 본인에게 허용하지 않는 것이 신뢰를 주고 유지할 수 있는 기본적인 자세라고 생각했다. 그러나 이제 나이가 지긋이 들다 보니 그렇게 살아왔던 이유로 생긴 외로움을 해결하고 싶었고, 젊은 자식들과의 사이에서 그리고 친목 모임에서도 잘 소통하는 법을 배워야 한다는 것을 깨닫게 된 것이다.

우선 이분은 자녀들과 대화를 원만하게 하기를 원했는데 더 간절한 이유는 얼마지 않아 큰 아들이 결혼하여 며느리를 보게 된다는 것이었다.

"자녀분들과는 주로 어떤 대화를 하시는지요?"

"대화를 거의 안 하는 편입니다."

"그렇다면 대화를 하실 때는 대부분 교수님께서 시작하시나요?"

"네, 그렇습니다."

교수님은 답을 할 때도 짧게 하였다.

"자녀분들이 먼저 대화를 걸어오지 않는 이유가 뭐라고 생각하세요? 교수님이 원인을 가장 많이 알고 계실 것 같습니다."

교수님은 한참의 시간이 흘러 대답했다.

"저를 어려워해서 말을 잘 안 걸어요. 제가 젊어서부터 서재에 처박혀 연구하고 글을 쓰는 일에만 몰두를 하다 보니 그런 것 같습니다. 어쩌다가 대화가 되더라도 한두 마디 하고 나면 더 할 말이 없어서 서로 어색하게 끝나 버리죠."

이야기를 계속 해 나가자 교수님은 점점 자신의 문제점을 스스로 짚어나가기 시작했다.

이분의 대화 습관을 주의 깊게 보니, 이 교수님은 어떤 말을 하기에 앞서 상당한 시간이 걸렸고 억양이나 말투 그리고 자세에서 권위적인 모습이 몸에 배어 있다는 것을 알 수 있었다. 그것은 상대방으로 하여금 자신도 모르게 경계하고 조심하도록 하는 습관이었다. 이분은 자신의 그런 세세한 부분이 상대방에게 어떤 느낌을 주는지에 대해 교육을 받는 동안 깊이 생각하고 깨닫는 모습을 보였다.

몇 주간 동안 상담하며 교육하는 동안 나는 이분에게 친근감 있게 대하려고 최대한 애를 썼다. 그동안 그런 친근감을 느끼면서 살아오지 못했던 분이었기에 처음에는 상대하는 나도 쉽지가 않았고 이분 역시 그것이 자존심을 건드리는 것처럼 불쾌하게 받아들이는 모습을 보이기도 했다. 그러나 계속적이고 구체적인 설명으로 이해를 시키고 반복적으로 친근감을 표시하였고, 시간이 지나면서 점점 권위적인 이전의 습관들을 조금씩 벗어내기 시작했다.

그리고 이분에게는 가족들에게 작은 선물을 자주하는 것, 칭찬의 말을 자주 건네는 것, 농담하는 것을 가르쳐 주었다. 특히 그분에게 농담을 자주하려고 애를 썼는데 처음에는 당황스러워하셨다. 나는 얼마나 많은 사람들이 농담과 편안한 대화를 통해서 서로 따뜻한 마음을 나누는지 구체적인 이야기를 해 주었다. 일상적인 이야기가 사람을 가벼워 보이게 하는 것이 아니라는 생각이 들게 하기까지 그분은 결코 쉬운 상대는 아니었다. 하지만 교육을 하면서 그분의 성품을 들여다보니 그렇게 자신의 권위를 지키며 학생들과 주변에 신뢰를 주려 애쓴 마음을 이해할 수 있었다.

일정기간의 교육이 마무리가 되었을 즈음 그분은 자녀들과 차를 마시며 이야기 나누는 시간이 빈번해졌다고 전해 주셨다. 자식들과 소통하려고 상담까지 받으며 노력한다는 아버지의 말에 자녀들도 마음을 열고 시간을 가져줬으며 처음에는 다소 어색했으나 자녀들과 시간을 가지면 가질수록 더욱 대화가 풍성해진다는 기쁜 소식이었다.

3) 깨달음과 가치관의 변화

많은 사람들이 말을 잘하면 누군가보다 우월해지거나 말씨름에서 이길 수 있고 좀 더 자신이 돋보일 수 있다고 생각한다. 물론 말을 잘 한다는 것은 여러 관계에서 주도적인 위치를 점할 수 있고 남들의 주목을 받을 수 있는 기회를 얻게 되는 경우도 많다. 그러나 그것을 목적으로 교육을 받는 것이 얼마나 어리석은 것이었나를 깨닫는다는 것은 참 소중한 것을 얻었다는 것을 의미한다.

직장인을 대상으로 스피치 인트로 강의를 하고 나서 어느 날 개인적으로 찾아온 분이 있었다. 그분은 내 인트로 강의만 듣고 말이 지닌 힘에 대해 관심을 갖게 되었고 말을 잘하는 방법적인 것을 교육받고 싶다며 찾아왔다. 그는 평범한 옷차림에 약간은 의기소침한 모습을 하고 있었다.

"회사 동기가 있어요. 어찌나 말을 잘 하는지 아무리 자료를 잘 준비해도 그 동기한테 늘 밀려요."

말을 하는 이 직장인의 목소리는 풀이 죽어 있었다. 그도 그럴 것이 시장조사를 하고 밤새도록 자료를 분석하여 보고서를 애써 만들어도 회사 동기에게 뒤처지는 것이 그 직장인 입장에서는 한숨이 나오는 일이 아닐 수가 없었던 것이다.

"아무리 생각해도 제 프로젝트가 더 좋은데……. 다른 사람한테는 몰라도 그 동기한테만큼은 지고 싶지 않아요."

그 직장인은 각오가 남달랐다. 교육에 충실히 하려고 애를 쓰는 모습은 다른 교육생들에게도 도전이 될 만큼 열정적이었다. 교육이 반복되면서 그 직장인이 눈에 띄게 변화되는 것을 볼 수 있었다. 그는 교육한 대로 발음을 정확하게 하려고 애썼고 시선처리를 가르친 대로 연습했다. 그리고 권하지 않았는데도 옷차림과 헤어스타일까지도 바꾸기 시작했다. 나중에는 얼굴의 음영마저도 달라졌다는 것을 보고 나조차도 놀라지 않을 수가 없었다. 처음 강의실을 찾아왔을 때와 확연히 달라진 그는 의기소침한 모습이 아닌 자신감에 꽉 차 있는 모습이었다. 교육이 거의 끝나갈 즈음 그는 나에게 이런 말을 했다.

"동기를 이기는 게 목적이었다는 것이 부끄럽네요."

자신감을 갖게 되자 스피치의 목적이 누군가를 이기기 위한 아니라 자신감을 갖고 자신의 일을 위해서 그리고 미래를 위해서 멀리 내다볼 수 있는 힘을 기르는 것이라는 것을 자기도 모르게 깨닫게 된 것이다. 그는 스피치 교육을 받으며 자신도 이렇게 바뀔지 몰랐다고 하면서 성격마저도 달라진 것 같다는 이야기를 했다. 그 일은 나에게도 스피치를 강의하고 교육하여 많은 이들에게 자신감과 희망을 줄 수 있다는 것을 또 한 번 깨닫도록 하는 일이었다.

4) 연단공포의 해결

스피치를 하기 위해 찾아오는 많은 사람들이 연단에 서는 것에 대한 공포감을 가지고 있다. 그리고 스피치 상담을 하고 강의를 해 오면서 꾸준한 강습을 통해 그런 어려움을 해결하여 자신감 있게 자기의 영역에서 살아가는 사람들을 볼 때마다 보람을 느끼지 않을 수가 없다.

한 나이가 지긋한 늦깎이 신학 대학원생이 찾아왔다. 그는 나이가 있었지만 매력 있는 외모를 가지고 있었다. 목소리도 좋아서 앞에 나가서 얘기하기에 잘 어울린다는 생각을 하였다. 발음도 정확할 뿐만 아니라 상대에 대한 예의도 잘 갖추고 있었고 자신감도 있어 보였다.

교육받으러 온 게 아닌가라는 생각도 들었지만 계속해서 이야기를 들어봤다. 그는 앞으로 매주 강단에서 설교를 해야 하는데 강단에만 서면 떨려서 준비한 것도 제대로 못하고 너무 힘들다는 이야기를 했다. 자신은 목사가 되어 매주 설교를 해야 하는데 공포증이 있어 스트레스를 너무 많이 받는다는 것이다. 외모에서는 나무랄 곳이 없을 뿐만 아니라 대화도 잘 이어가는 분이어서 이분이 연단공포가 있다는 것이 믿어지지 않았다.

연단공포를 이겨내는 데 가장 쉬운 방법 중 하나는 바로 경험이다. 자주 연단에서 스피치하는 연습을 하는 것이다. 경험을 많이 하다 보면 원고를 보지 않아도 될 만큼 자연스럽게 스피치를 할 수 있게 된다. 그 랬을 때 청중들 역시 편안한 마음으로 스피치를 들을 수가 있다.

아무튼 그분과 연단공포 해소 교육이 시작되어 연단에 서서 스피치를 하는 연습을 하게 되었다. 앉아서는 편안하게 대화를 잘 하던 분이었는데 연단에 서니 바로 경직되고 떠는 모습을 볼 수 있었다. 그는 자신의 모습이 많이 부끄러웠는지 연단에서 내려와서는 나가고 싶다고 했다.

"연습해서 다시 올게요."

"여기는 연습하는 곳이에요. 못하는 게 당연한 곳이 여기입니다. 잘 하시는 분은 여기 올 이유가 없어요. 이곳에서 마음껏 연습하세요."

그는 연단공포를 이겨내는 것보다 자신의 체면이 더 중요한 성격이었다. 그분은 나름 자존심과 고집이 센 편이어서 설득하는 데 많은 시간이 필요했다. 자기관리를 잘하는 사람이었기에 자신의 치부를 보이는 것이 더욱 힘들었던 것 같다.

나는 직설적으로 말해 주며 연단공포증만 이겨내면 다른 분들에게는 필요한 강의를 받지 않아도 될 만큼 많은 부분 갖추어져 있다고 말해 주었다. 많이 접하지 않았고 경험하지 못해서 그저 불편한 것일뿐 방법만 알고 나면 쉽게 익힐 수 있는 것이기에 자신감 있게 이야기를 해주었다.

스피치는 다른 교육과는 달리 자신을 표현해내야 하는 교육이만큼 교육생의 의지가 필요한 교육이다. 성인들은 필요성을 느끼고 찾아

온 만큼 바뀔 수 있다는 의지를 심어 주면 쉽게 잘 해낼 수 있다.

어린 학생들은 칭찬해 주고 재미를 느끼게 해 주면 연단공포를 쉽게 극복하고 또 하고 싶어 한다. 그리고 중·고등학생들의 경우에는 엄마 손에 이끌려 울상을 짓고 억지로 오는 친구들도 많이 있다. 필요성을 인식하지 못하는 아이들에게 교육을 하는 것은 매우 어려우며 교육 효과 역시 떨어진다는 것을 많이 경험한다.

그러나 성인들은 스스로 필요성을 인식해서 스피치 강의를 한다. 그것은 이미 교육이 시작되었다는 것을 의미한다. 연단에 서서 스피치를 하는 것이 어려운 것은 창피한 일이 아니고 안 해봐서 불편한 것뿐이라는 것을 이해해야 한다. 그런 불편함은 많은 경험과 쉬운 방법으로 반복해서 연습할 때 모두가 해소할 수 있는 부분인 것이다.

우리가 아플 때 병원을 찾아 검진을 하고 아픈 곳을 찾아내어 고치듯이 스피치 역시 전문가의 세심한 지적을 받으며 문제점을 찾아 고쳐 나갈 필요가 있는 것이다. 연단공포는 고칠 수 없는 장애가 아니고 연습과 경험을 통해서 충분히 쉽게 해소할 수 있는 것이라는 것을 말하고 싶다.

5) 연단공포 불안증세에 관하여

어느 때부터인가 대학교 때부터 잘 알고 지내던 한 선배가 자주 스피치 학원에 와서 시간을 같이 보냈다. 그는 가끔 강의에 참석하여 다른 수강생들과 자연스럽게 지내기도 할 만큼 호탕하고 성격이 좋았다.

그리고 내가 시간이 나서 쉴 때에는 자신이 사는 이야기를 쉼 없이 풀어놓는 그런 선배였다. 그러던 어느 날 대뜸 그 선배가 나를 앞혀 놓고 결연한 표정을 지으며 말을 하기 시작했다.

"나도 스피치 교육을 받아 보고 싶어. 너한테 배우면 나도 잘 할 수 있을 것 같아."

그 선배의 말은 단순히 다른 사람들이 받는 강의에 참여하여 그냥 강의를 들어보겠다는 것이 아니었다. 교육을 제대로 받아 수강생으로서 스피치 강의에 참여하여 제대로 배우고 싶어 한다는 결심을 내비쳤다. 그 선배는 무료교육을 해주겠다는 나의 제안도 만류하고 자진해서 강의료를 내고 교육을 받겠다고 했다. 언제나 말을 잘하던 그 선배가 스피치를 제대로 교육받겠다고 하니 강사가 되고 싶은가 보다 하는 생각이 먼저 들었다. 그 선배가 참여한 스피치 강의가 시작되어 교육의 한 일환으로 언제나 하던 자기소개를 하게 되었다. 한 사람씩 나와서 자기소개를 하기 시작했다. 앞에 나와서 말하는 것이 익숙한 사람도 있지만 낯설어서 어려워하는 사람도 많았다.

그 선배의 차례가 되었을 때 나는 오랜 친구같은 선배이기 때문에 더욱 유심히 그 선배를 보았다. 그 선배는 한참동안 얼굴을 붉히며 망설이다가 단상에 올라왔다. 당황하는 기색이 역력했다. 평소의 모습과 너무 달랐기 때문에 그 선배의 당황하는 모습을 보면서 나 역시 당황하지 않을 수 없었다. 늘 말 잘하고 다른 사람들의 이야기를 잘 들어줘서 성격이 좋기로 정평이 나 있던 선배였기에 앞에 나가서 어쩔 줄 모르는 선배를 보고 있자니 어떻게든 돕고 싶은 마음이 들 정도였다. 미리 말해 주지 않은 선배에게 약간 의아한 기분이 들었다. 시간이 계속 흘렸다. 선배의 얼굴은 빨개지고 떨리는 손으로 단상을 꼭 잡고 있었다.

모두 긴장하면서 그 선배가 자기소개를 시작하기를 기다렸다. 그러나 그 선배는 한숨을 연신 쉬며 목까지 벌겋게 달아올라 내가 오히려 미안하다는 생각이 들었다.

"어…… 어……."

"어…… 어…… 흠…… 흠……."

말은 하고 싶지만 말이 트이지 않고 한숨만 몰아쉬는 모습을 보고 있으며 답답했지만 기다려줘야 한다는 것을 잘 알기에 아무 말 없이 지켜보고 있었다.

"어…… 어……."

"어…… 어……."

"어…… 어…… 흠…… 흠……."

시간이 지날수록 불안증세가 더해 간다고 생각되어 나는 멈추는 것이 좋겠다는 생각이 들었다.

"지금 하기 힘들면 다음에도 기회는 많이 있으니 내려와도 좋아요."

나의 이 말이 여러 수강생들의 긴장도 조금 풀리게 하는 느낌이었다. 그런데 그만하고 들어가도 된다는 말도 못 들었는지 자리에서 꼼짝도 하지 않고 몸까지 떨기 시작했다. 그 선배는 단상을 꼭 쥔 손을 더욱 세게 잡고 한숨을 연신 내뱉었다. 아마도 단상에서 내려오는 것이 더욱 힘들었던 것 같았다. 앉아 있던 다른 교육생들도 숨도 잘 못 쉴 정도로 긴장하며 지켜보고 있었다. 시간이 지나갈수록 그 선배의 불안증세도 하나씩 더 추가되었다. 침을 연신 꿀꺽 삼키고 말을 시작하려는 입술도 떨렸다. 나는 그 친구를 어서 도와야겠다는 생각이 들어 단 위로 올라갔다.

"오늘은 여기까지 하는 걸로 하고 그만 내려가지요."

나는 한쪽 팔로 그 선배의 어깨를 감싸고 다정하게 말하면서 단 아래로 이끌었다. 긴장으로 몸을 떨고 있었고 근육이 많이 굳어 있었다. 그 선배는 급기야 눈물을 쏟으며 단에서 내려와 강의실 밖으로 나갔다. 강의실 분위기는 그야말로 정적이었다. 교육생 중 어느 누구 하나 그 친구를 비웃거나 이상하다고 여기는 사람이 없었다. 연단에 서서 대중 앞에서 스피치를 한다는 것이 쉽지 않다는 것을 잘 알기 때문에 이해할 수 있었고 공감할 수 있었기 때문이었다.

그러나 그것은 정말 단순히 연단공포일 뿐이다. 연단에서 스피치를 한다는 것은 모든 사람들이 일상적으로 하는 일은 아니다. 일반 사람들에게 더욱 중요한 것은 단에서 스피치를 잘하고 못하고가 아니라 일상에서 만나는 가까운 사람들과 대화를 얼마나 잘하느냐이다. 그 선배는 익숙하지 않은 상황과 사람들 속에서 불안증세를 나타냈을 뿐이다. 불안증세는 누구나 가지고 있는 것이지만 상황에 따라 조금 더 심한 증세가 표면적으로 나타날 수 있다. 많은 사람들이 연단에 서는 것에 대한 공포를 가지고 있다. 연단공포는 대부분의 사람들이 가지고 있는 것이지만 본인의 상태에 따라 나타나는 현상이 다를 뿐인 것이다.

어떤 사람은 가슴이 두근거리고, 어떤 사람은 손과 발이 떨리고, 어떤 사람은 얼굴근육에 경련이 일어나기도 한다. 또 얼굴색이 파랗게 질리거나 벌겋게 달아오르기도 한다. 또 심한 경우에는 울먹울먹이다가 눈물을 쏟기도 한다. 그러나 이런 증세들이 고쳐지지 못하고 계속적으로 나타나는 것은 아니다. 연단에서 스피치를 하는 것은 쉬운 것은 아니지만 반복되는 연습과 실행을 하다보면 개선되는 것이기에 말하는 사람의 인성과 가치관이 차지하는 것에 비한다면 아주 작은 기술적인 부분이라고 할 수 있겠다.

그러나 현재의 상황에서는 필요가 없다고 여겨질지라도 어떤 상황에서든지 말할 수 있는 준비를 할 필요가 있다. 요컨대 갑자기 앞에 나가서 말을 해야 할 상황이 온다든지, 상대하기 어려운 사람을 만나게 된다든지 또는 단 위에서 연설을 해야 하는 기회를 갖게 되는 경우가 갑자기 찾아올 때가 있다. 그럴 때 효율적으로 쉽게 그리고 의미전달을 잘하기 위해서는 의도적인 학습이 필요하다.

"너도 너무 당황했지? 나도 너무 당황스럽고 힘들었지만 이게 시작이라고 생각해."

"연락해 줘서 고마워 형, 낼 봐요."

선배의 그 문자가 너무 고마웠다. 많은 사람들 앞에서 부끄럽기도 하고 마음이 어려웠을 텐데 포기하지 않고 다시 도전하려고 한다는 메시지를 보내주니 여간 고마운 것이 아니었다. 그 선배는 자신이 해결해야 하는 것이 무엇인지 잘 알고 있었고 의지 또한 갖고 있었기에 연단공포를 없애는 것은 시간의 문제라는 생각이 들었다.

그 선배는 그날 이후 정말 열심히 교육에 참여했고 나의 부수적인 지침도 잘 따랐다. 처음에는 여러 불안증세로 어려워했지만 증세가 하나둘씩 줄어들었고 나중에는 자신감 있게 스피치를 할 수 있었다.

나는 그 선배가 평소 많은 사람들의 어려운 이야기를 들어줄 뿐만 아니라 필요한 조언도 적절하게 잘 해준다는 것을 알고 있었기에 많이 걱정스럽지가 않았다. 너무 좋은 장점을 많이 갖고 있는 선배였기에 연단공포라는 한 부분은 그 선배에게 그렇게 큰 문제가 되지 않을 수 있다는 믿음이 있었다. 현재 그 친구는 스피치 전문 강사로서 학생들에게 스피치를 강의하는 유능한 스피치 강사로 활동하고 있다.

6) 급한 성격

이장 선거에 나가려고 준비 중인 한 분이 찾아오셨다. 서글서글하니 인상이 좋은 분이었다. 그런데 그분은 문에 들어서자마자 인사도 없이 본론부터 꺼냈다.

"내가 이장 선거에 나가야 돼요. 아…… 참, 근데 참 답답해서……."

"뭐가 답답하신데요?"

나도 인사없이 그냥 맞받아서 이야기를 이어 나갔다.

"여기가 그 앞에 나가서 말하는 거 가르치는 데 아니에요? 내가 급한데……."

"네, 맞아요. 등록하시고 교육받으시게요?"

"나 며칠 후에 연설해야 하는데……. 이거 연설문이에요. 돈은 얼마예요? 뭐부터 하면 되는 거예요?"

오래 대화하지 않아도 이분이 엄청 성격이 급한 분이라는 것을 알수 있었다. 워낙 급하게 교육을 요구하니 내 마음도 급해져서 당장 교육을 시작했다. 교육을 하다 보니 며칠 후에 할 연설을 준비해야 하는 조급함도 있었지만 워낙 평소에도 급한 성격이라는 것이 확연했다.

연설문에 적혀 있는데도 마음이 앞서 한 문단을 읽다가 갑자기 다음 문단 내용이 툭 튀어 나왔고 말도 너무 빨라서 어떤 단어는 잘 알아듣기 어려울 정도였다.

그저 연설문을 시작해서 빨리 끝내야겠다는 생각만 있는 사람처럼 보였다. 강조해야 할 부분과 약하게 넘어가야 할 부분이 다 무시되고 감정을 넣어 읽는다는 것은 기대하기도 힘들었다. 당연히 청중을 보면서 해야 하는 시선처리도 모두 무시되었다.

이장이 되어서 지역마을을 잘 이끌겠다고 신뢰를 주고 공감을 얻어내야 하는데 인상은 좋지만 말하는 것에서 신뢰감이 무너지는 유형이었다.

요즘은 큰 소리로 강력하게 외친다고 사람들이 주목하는 시대가 아니다. 청중의 마음을 움직일 수 있는 메시지와 호소력을 가지고 확신에 찬 목소리로 연설을 해야 한다. 내가 하고자 하는 말과 나의 이미지가 맞도록 표정 하나하나까지도 섬세하게 신경을 쓸 필요가 있다.

원고를 작성할 때에도 물론 전문가의 도움을 받기도 하겠지만 거기서 그쳐 읽기만 하는 사람이 되는 것이 아니라 연설하는 사람이 자기가 말하려는 핵심부분은 자신이 자신 있게 표현할 수 있는 말로 잘 살려서 적어야 한다. 그래야 자신의 의지를 잘 표현해 낼 수 있다.

나는 이미 작성되어 들고 온 원고를 훑이 보고 그분에게 나와 함께 원고를 다시 써 보자고 권했다.

그분이 자신의 공약은 이런 것이고 이것은 주민들 생활에 어떤 변화와 도움을 줄지에 대해 자세하게 적고 싶어 했다. 그리고 나는 이장이 된다면 어떤 각오를 가지고 마을을 이끌 것인지 다짐과 심정을 솔직하게 표현하도록 도왔다. 원고작성이 끝나자 그분은 자기 생각이 잘 나타난 것 같다며 흔쾌해했다.

그리고 나는 호흡을 하는 방법을 반복해서 알려 주었다. 강조하고 싶은 말에 앞에서는 호흡을 한 번 더 쉴 것을 여러 차례 지적했다. 그리고 꼭 뽑아 달라는 부분에선 간절한 마음을 담아서 청중을 바라보면서 얘기해야 한다는 것을 여러 번 시범을 보이며 반복을 통해서 연습시켰다. 그분은 그렇게 걸음마 단계부터 스피치를 배우기 시작했는데 연습을 하면서 그분의 성격도 많이 차분해지고 있다는 것을 알 수 있었다. 그리고 무엇보다 자신이 원하는 내용이 들어있는 연설문이 마음에 들어 여러 번 읽으며 흐뭇해 하셨던 기억이 난다.

그분은 짧은 시간이었지만 자신이 꼭 이장이 되어서 하고 싶은 것이 있으셨기에 열심을 다하셨고 부족한 부분도 있었지만 원고 안에 담긴 자기의 생각을 표현하는 것에는 자신감을 가지고 진심을 다해서 했다.

그분은 며칠 내에 연설을 해야 한다는 급한 마음으로 교육을 시작을 했다. 하지만 교육은 스피치의 목적인 원고내용의 효율적인 의미전달에 대해 숙지를 하는 것이 중요하다는 것부터 시작되었다. 그리고 원고에 대한 애착과 함께 단순히 스피치가 목적이 아닌 원고의 내용전달에 더 중점을 두어 연습을 했다. 한참 뒤 교육의 결과라며 기대하던 이장 선거에서 당선되었다며 고맙다는 연락을 해 오셨다.

7) 눈빛(시선) 처리

어느 어머님께서 고등학생 자녀와 함께 원을 방문하셨다. 그 어머님은 인품이 아주 좋은 선한 인상을 하고 계셨는데 그 자녀분 되는 여학생은 화가 나 있는 것 같지는 않았지만 무표정인 얼굴이 그냥 보기에도 사람들이 쉽게 다가가기 어려운 인상이었다.

　학교에서는 전교 1, 2등을 다툴 만큼 성적이 우수해서 대학진학이라든지 장래에 대한 고민이 있는 것은 아니었다. 그 학생은 학업에 늘 열심이었지만 친구들과의 관계는 그렇게 좋은 편은 아니었다. 학교에 다녀오면 그냥 책상에 앉아 공부하는 것이 그 학생의 일과였기에 마음을 나누고 대화할 친구가 한 명도 없이 지내왔다.

　무뚝뚝한 타입의 딸이 늘 걱정이었던 어머님은 어느 날 학교에서 학생대표로 발표를 하는 딸을 보게 되었다. 연단에 서서 발표하는 딸은 긴장하지 않는데도 표정은 굳어 있었고 말투 역시 딱딱하여 듣는 사람으로 하여금 공감하게 하거나 내용을 잘 전달하지 못한다는 것을 알 수 있었다. 그리고 중요한 것은 연단에 서서 말하는 딸이 듣는 청중인 친구들에게 시선을 잘 맞추지 않는다는 것이었다. 원고를 계속 보다가 강단 천장 쪽을 한 번씩 본다든가 아니면 앞에 있는 청중을 노려보는 눈빛을 보인다든가 하는 것이었다. 학생의 어머니는 보다 못해 딸에게 스피치 강의를 권유하여 원을 방문하게 된 것이었다. 무엇보다 어머님이 고쳐야 할 것이라고 생각하는 것은 학생의 시선처리였다. 하다못해 집에서 형제들과 대화할 때도 시선이 곱지 못한 딸이 늘 걸렸기 때문이었다.

　"학교에서 친구들하고는 어떤 얘기를 많이 하니?"

　"얘기 안 하는데요?"

　"친구들하고 얘기하고 싶지 않은 거야?"

　"그냥 귀찮아요. 공부하기도 바쁘고……."

　"엄마가 여기 왜 데리고 오신 것 같아?"

　"발표 잘하게 하려구요."

"네가 발표할 때 뭐가 문제인 것 같은데?"

"엄마가 왜 앞에 사람은 안 보고 원고만 보고 친구들은 왜 노려 보 냐구⋯⋯."

"긴장하는 성격도 아닌데 왜 그런 것 같아?"

"그냥 그게 익숙해서 그렇겠죠."

"그런데 엄마가 시켜서가 아니고 너도 발표를 잘 하고 싶니?"

"네. 잘 하면 좋은 거니까요."

그 학생과 마주보면서 얘기를 하다 보니 눈매가 매섭고, 사람에게 는 관심이 없는 타입이라는 생각이 들었다. 얘기하는 중간 나는 동영상 촬영을 걸어놓고 그 친구에게 보여줬다. 그러면서 그 친구가 말하는 상 대방을 대하는 태도와 눈빛을 지적하며 보여줬다.

그리고 발표를 시켜보고 그것 역시 동영상을 보여주며 자신이 청중 을 보는 눈빛이 어떠한지 보도록 했다.

"네가 직접 네가 하는 걸 보니까 어때?"

"저는 몰랐는데 엄청 째려보고 노려보면서 말하네요."

오랫동안 자신의 시선에 대해 생각 없이 지내오다가 동영상을 통해 서 보여주니 단순히 시선만이 아니라 상대방을 대하는 자신의 태도가 잘못되었다는 것을 스스로 인식하기 시작했다.

"시선을 처리하는 것은 꼭 앞에 나가서 발표나 연설을 할 때만 중요 한 게 아니야. 일상에서도 정말 중요한 역할을 한단다. 회사에 가서 프 레젠테이션을 아무리 잘 준비해서 해도 청중을 배려하지 않으면 효과 가 없고 대인관계에서 성공하지 못하면 힘들게 한 공부가 헛수고가 되 기 쉬워."

나는 우선 시선을 부드럽고 보기 좋게 고치려면 자세를 바로잡아야 한다고 설명했다. 고개를 반듯하게 세우고 시선을 옆으로 돌릴 때는 눈만 돌려 바라보는 것이 아니라 고개와 어깨도 돌려 상대방을 보는 자세로 고쳐야 흘겨 뜨는 듯한 눈빛이 되지 않는다고 말해 줬다.

그리고 짧은 단답형의 대답보다는 상대방이 이해하기 쉽도록 풀어서 대답하는 것을 계속 연습시켰다. 아무리 학생이어도 늘 해 오던 습관이 있기에 쉽게 고쳐지지 않았지만 꾸준히 반복적으로 지적해 주고 연습을 시켰다.

그 학생은 공부도 열심히 하는 학생이었지만 한번 해야겠다고 결심한 것에 최선을 다하는 성격인지라 정말 시키지 않은 것도 하는 열심을 보였다. 가족들과 대화할 때 자기가 동영상을 촬영해 놓고 자기의 모습을 모니터링하는 것까지 한다는 말에 기특하다는 생각이 들었다.

시간이 지날수록 그 학생과 대화하는 나의 마음도 편해져 갔다. 사실 처음에는 학생이어도 눈매도 매섭고 무뚝뚝하니 대화를 이끌어가는 게 쉽지 않았기 때문이다.

나중에 그 학생은 자신이 어색한 부분에서는 쑥스러워하기도 하고 웃기도 하면서 자연스럽게 바라보며 대화를 하는 것에 많이 익숙해졌고, 청중을 바라보는 시선 또한 많이 좋아졌다. 그 학생의 어머님 역시 눈빛만이 아닌 성격도 좋아지는 것 같다며 좋아하셨다.

8) 모방은 또 하나의 학습

친한 친구가 자기의 아들을 데리고 스피치교육원을 찾아왔다. 미국에 석사과정을 보내게 되어 그 전에 교육을 받아 보게 하고 싶다는 것이었다. 건실하게 잘 큰 친구의 아들은 어릴 때부터 봐 왔던 친구였기 때문에 잘 가르쳐서 여러 가지로 도움이 되도록 하고 싶었다.

그 친구가 유학을 앞두고 받는 강의도 많고 유학 준비에 여러 가지로 시간이 여의치 않아 특별히 개인적으로 지도를 하게 되었다. 그 친구는 무엇이든 빠르게 배워 가는 타입이었다. 지나가는 말로 한 내용일지라도 교육한 내용을 놓치지 않고 그대로 하려고 노력했다. 교육하는 대로 잘 소화해 내다 보니 더 많이 알려주고 가르치고 싶은 마음이 들어 교육하는 내내 즐거웠던 기억이다.

특히 그 친구는 내가 시범으로 보여준 연설하는 모습을 그대로 따라해서 당황스러워 했을 정도로 인상이 깊었는데 어투와 강약의 조절 그리고 심지어 표정까지 그대로 따라하는 것이었다.

"따라할 수 있는 대상이 있으니 배우기가 쉬워요. 제가 뭘 잘못하고 있나 하는 생각도 없고 그냥 하시는 대로 따라하기만 하면 되니 익히기가 좋네요."

그 친구의 말이 뒤통수를 치는 것 같았다. 다른 사람에게 강의를 하며 내가 가지고 있는 것을 전한다는 생각은 많이 했고 시범을 보이면서 하는 것이 자주 있는 일이었지만 그렇게 콕 집어 말을 하니 내가 먼저 잘 해야겠구나 하는 더욱 생각이 밀려왔다. 그 친구는 말은 따라서만 한다고 말했지만 겸손한 그 친구의 성격이지 무조건 따라하지 않고 따라하면서도 응용하며 한다는 것을 알 수 있었다.

이 일을 하면서 감사한 것은 내가 늘 가르치는 입장만이 아닌 배우는 사람이 되기도 한다는 것이다. 비록 젊은 친구였지만 이 친구에게서도 많은 것을 배울 수 있었다. 부족한 부분을 적극적으로 해내며 자기 것으로 만들고, 모방을 하면서도 응용을 하며 더욱 발전해 나가는 모습과 겸손한 모습이었다.

나는 이 친구에게 다른 스피치 강사들 앞에서 강연을 해보도록 권했다. 강사들 앞이기 때문에 어려울 수도 있었는데 그 친구는 흔쾌히 강연에 응했으며 처음에는 긴장한 모습을 보였지만 연습했던 대로 자신감을 되찾으며 잘 해나갔다. 그 친구의 강연이 끝나자 강사들은 정말 잘 했다는 칭찬과 함께 강연에 대한 피드백을 해주며 격려를 아끼지 않았다.

"덕분에 더욱 자신감을 얻고 유학을 떠납니다."

오히려 많은 부분 손색없이 잘 따라오고 교육받아 고마운 마음인 나에게 되레 고맙다 하는 그 친구가 참 기특하고 뿌듯했다.

9) 대인공포를 이겨내자

인근에 마트에 자주 들러 물건을 사곤 했는데 마트에 갈 때마다 안주인이신 사모님이 계산을 할 때가 많았다. 사장님은 평소 말이 없으신 분인 것 같았고 어쩌다가 계산대에서 일을 하실 때에도 말이 없이 계산만 하시는 분이었다.

처음에는 말수가 없으셔서 무뚝뚝한 분인가 보다 했는데 나중에 사모님과 대화하시는 걸 보니 부드럽고 따뜻한 분이라는 걸 알게 되었다. 자주 들르다 보니 사모님과 이런저런 얘기도 나누고 친하게 지내게 되었는데 하루는 사모님께서 남편에 대해 말을 하는 것이었다.

"우리 바깥양반은 사람들만 보면 쑥스러워서……."

"그래요? 저희 스피치 학원에 오시면 좋겠네요."

나도 모르게 툭 튀어나온 말에 스스로 당황스러웠는데 그 사모님께서 관심을 보이셨다.

"거기 가면 그 대인 기피인가 공포인가 그거 고칠 수 있을까요?"

평소 사장님은 근면히 일을 잘 하시는 분이어서 앞에 나서서 일할 수 있는 기회가 종종 찾아오곤 했는데 사람들하고 얘기하는 걸 워낙 쑥스러워 해서 하지를 못하셨다는 것이다. 그것이 늘 아쉬웠던 사모님은 나의 한마디에 귀가 솔깃해서 자세히 물어보셨다.

"모두 고칠 수 있는 것이지만 본인 의사가 중요하지요. 이런 경우는 배우고 고치겠다는 의지가 필요해서요."

얼마 후 다시 만나게 된 그 사모님은 남편이 도전해 보고 싶은 마음은 있는데 많이 망설인다는 얘기를 꺼내셨다. 나는 일부러 사장님을 찾아가 한번 해 보시지 않겠냐고 말을 걸어 보았다. 그 사장님은 굉장히 어색해 하시며 얼굴을 붉히셨다.

"하고는 싶은데 잘 할 수 있을지⋯⋯."

나는 일단 학원에 나오실 것을 말씀드렸고 그분은 그렇게 해보겠다고 말을 흐리며 대답을 하셨다.

한참 후에 그분이 학원에 방문하셨을 때 나는 적잖이 놀랐다. 기대하지 않았기 때문이었다. 너무 소심한 모습에 원을 찾아올 것이라는 생각을 접었기 때문이었다. 그분은 그래도 지난번 얘기를 해 봤기 때문인지 그래도 나에게 자신의 이야기를 쑥스러워하면서도 하시기 시작했다.

"여러 사람들이 많은 곳에는 가기 싫더라구요. 어색해서⋯⋯ 그런데 이게 고쳐야지 불편할 때가 많아요."

평소 낯선 사람들을 상대한다는 것이 불편해서 늘 피하기만 하다 보니 장사할 때도 그렇고 모임에 참여해야 하는 상황이 올 때면 늘 신경이 쓰이는 일이었다. 그래도 스피치 교육을 받으면 사람들과 대화하고 하고 싶은 것이 있으면 전보다는 잘 할 수 있겠다는 생각에 어렵게 도전을 결심한 것이었다.

첫 교육부터 다른 수강생들과 섞여 있으려니 쑥스러워 하시는 모습이 역력했다. 일단 이분이 자연스럽게 적응하는 것이 필요할 것 같아 성격 좋아 보이는 몇 분을 남게 하고 차를 마시는 시간을 가졌다. 처음에는 얼굴이 붉어지고 더듬거리기까지 하시더니 시간이 지날수록 다른 분들의 질문에 조금씩 길게 답을 하셨다. 그리고 어색해도 자주 사람들과 마주해서 얘기를 나눠야 고쳐진다는 것을 말씀드렸다.

"사장님, 성격적인 부분이 많아서 시간이 좀 오래 걸릴 수 있으니 포기하지 마시고 하셔야 돼요."

"네에……. 그래야겠지요."

그래도 그분이 결심을 접지 않고 끝까지 해 내고 싶어하는 것이 참 고마운 일이었다. 나는 마트에 갈 때마다 일부러라도 그분에게 다가가 안부를 묻곤 했다. 만나는 횟수가 늘어갈수록 점점 자연스럽게 대화를 나눠 주셨고 다른 수강생들과도 전보다 덜 어색해 하는 것을 볼 수 있었다.

여러 번의 강의 후에 연단에서의 연습시간이 되었다. 그분은 예상했던 대로 좀처럼 쉽게 입을 열지 못하고 얼굴이 벌겋게 상기되더니 심호흡을 몇 번 하시고는 계속 머리를 긁적이고 헛기침을 했다. 대인공포라는 것이 연단공포로 이어지는 것이었다. 대인공포증은 성격적으로 내

성적이고 자신감이 부족한 부분이 많아서 연단공포로 나타나는 분들이 많다.

대인공포증은 어떻게 보면 사회성이 떨어지는 것이라고도 할 수 있지만 꼭 그렇지도 않은 것이 많은 친구는 아니더라도 한번 친해지면 오래 가는 친구들이 많기 때문에 사회성 부족이라고 보기도 어렵다.

이런 분들은 장기간의 교육을 통해서 그리고 사람들과 대화하는 것에 익숙해질 수 있는 시간을 많이 갖게 해 주어 대인 공포증을 해소하고 앞에 나가서 말하는 것도 훈련을 통해서 충분히 좋은 결과를 거둘 수 있다고 확신한다.

그 사장님은 오랫동안 교육을 받으셨는데 나중에는 마트에서 손님들과 웃으며 짧은 대화도 나누시고 밝은 표정으로 지내시는 것을 보니 스피치 교육이라는 것이 단순히 강의만 하는 것이 아니라 사람들과 소통하는 곳으로 이끌어내는 것도 교육이라는 것을 다시 한 번 생각하게 되었다.

'화술(話術)'이란 스피치를 하는 데 필요한 일체의 기술이다. 훌륭한 스피치는 상대방에게 불쾌감을 주지 않고 효과적으로 연설자의 뜻을 잘 이해할 수 있도록 전해 주는 것이라고 할 수 있다.

현대 사회에서 어떤 능력을 갖고 있다는 의미는 그 능력을 효과적으로 표현할 수 있는 능력, 즉 스피치 능력을 지니고 있다는 것으로 풀이해도 과언이 아니다. 자신이 가진 능력을 스피치를 통해서 제대로 표현하지 못하면 아무리 훌륭한 능력을 지니고 있다 해도 그것을 발휘할 기회를 놓치게 되고 자신의 능력을 제대로 평가받지 못하는 안타까운 일이 생기는 것이다.

미국의 사회학자인 피터 드러커(Peter Ferdinand Drucker) 박사는 현대 사회의 특징을 기술하면서 이렇게 말하고 있다. "인간에게 가장 중요한 능력은 자기 표현력이며, 현대의 경영이나 관리는 커뮤니케이션에 의해 좌우된다." 스피치는 개개인에게만 중요한 것이 아니라, 유명 정치인의 연설처럼 대중을 움직일 수 있는 엄청난 폭발력을 가지고 있기 때문에 스피치가 사회 전체에 미치는 영향은 결코 적지 않다. 따라서 어느 분야에서든 성공하려면 스피치 능력을 향상시키는 것이 무엇보다도 중요한 급선무다.

뛰어난 연사가 되고자 하는 소망은 단지 의욕만으로 이루어지는 것이 아니다. 스피치를 잘하기 위해서는 먼저 어떠한 스피치가 청중의 마음을 사로잡는 스피치인가를 알아야 하며, 치밀한 준비와 꾸준한 훈련을 통해 당당한 스피치를 할 수 있는 능력을 키워야만 한다.

또한 좋은 연사가 되기 위해서는 사회적 지위나 명성도 어느 정도 있어야겠지만, 스피치의 능력도 기본적으로 갖추어야 한다. 스피치 기법은 스피치를 준비하고 실행하는 전 과정과 관련된 것으로 적절하고 핵심적인 아이디어를 고안하고 이를 논리적으로 조직하며, 적절한 표현 양식을 통해 구성한 후 효율적으로 암기하여 감동적으로 발표하는 것을 말한다.

좋은 스피치를 하려면 스피치 기법을 우선 몸에 익혀야 한다. 스피치의 기회가 왔을 때는 이를 단지 마지못해 하는 요식행위라고 생각하거나 넘어야 할 장애물로 여기지 말아야 한다. 자신의 능력과 지식, 인격과 진솔함 그리고 열정과 사랑을 널리 알릴 수 있는 좋은 기회라는 긍정적 생각을 하면서 적극적으로 임해야 한다. 그럴 때만이 스피치에 대한 불안이 해소되는 것은 물론이고 자신도 모르게 훌륭한 스피치를 할 수 있게 된다. 요컨대 스피치를 할 때에는 무엇보다도 자기 자신을 믿어야 한다는 사실을 명심해야 한다.

기술혁명의 시대라고 불리는 4차 산업혁명시대의 도래를 맞이하여, 사회 전반에서 삶의 방식의 커다란 변화가 예측되는 가운데, 스피치 기술은 더욱 각광받고 있다.

4차 산업혁명의 주창자이자 WEF 회장인 클라우스 슈밥은 자신의 책《4차 산업혁명》에서, "우리는 지금까지 우리가 살아왔고 일하고 있던 삶의 방식을 근본적으로 바꿀 기술 혁명의 직전에 와 있다. 이 변화의 규모와 범위, 복잡성 등은 이전에 인류가 경험했던 것과는 전혀 다를 것이다." 라고 말했다.

그렇다면 이러한 시대변화 속에서 우리가 준비해야 하는 것들은 무엇일까? 필자는, 그것에 대한 해답을, 이 책《스피치마스터의 생산적 말하기》가 제시하고 있다고 자신 있게 말한다.